日蝕之後

堅持、無悔，
曹錦輝的真實告白

AFTER THE ECLIPSE

曹錦輝｜著　文生大叔｜文字整理

THE UNTOLD STORY, IN MY OWN WORDS

TSAO

TSAO

CHAPTER. 0

曹錦輝

我是曹錦輝。

我曾經是臺灣之光，我也是許多人眼中的禍害。

十八歲那年，我和美國職棒的科羅拉多洛磯隊簽下合約，成為臺灣第四位去美國打球的選手，那時候的我什麼都不懂，我只知道我想要變得更強、變得更好，我想和電視轉播上那些大聯盟的球員一樣，每天都和全世界最厲害的球員一起比賽。

對手越強，才能刺激自己一直進步。

那是一九九九年秋天，當我在加盟記者會上第一次披上那件洛磯隊的球衣時，大家問我為什麼選擇了這支不是很多人知道的球隊，我不知天高地厚的說，「聽說他們投手陣容不是很好，我想我可以比較快上大聯盟，可以幫到他們。」

現在想想，那時的我真傻。

我以為我很快就會順順利利上到大聯盟，好好投個五年、十年，然後退休回到家鄉；也許當個中學教練，也許開個小吃店，就跟那些從棒球場上退休下來的前輩們一樣。

但我從來沒有想到十五年之後，我還會站在大聯盟的投手丘上；我更加沒有想到的是這十五年之中會有那麼多曲折。

我曾經因為交友不慎，而和一些不被世俗道德水準所接受的人士為伍，也陷入了無邊無際的黑暗之中，但是我從來沒有違背過我的良心；我沒有答應過要在比賽中放水，更沒有打過假球。

自從我離開中華職棒以後，很多人說我道德不高尚，也有人說我接受招待，說我是黑人、是臺灣棒球的罪人；這些我全都看在眼裡，也聽進心裡。

過去的一切我沒有辦法改變，但是我希望我們還能繼續往前走，我還有很多事想做。

如果你有點時間，我想說說我的故事。

曹錦輝

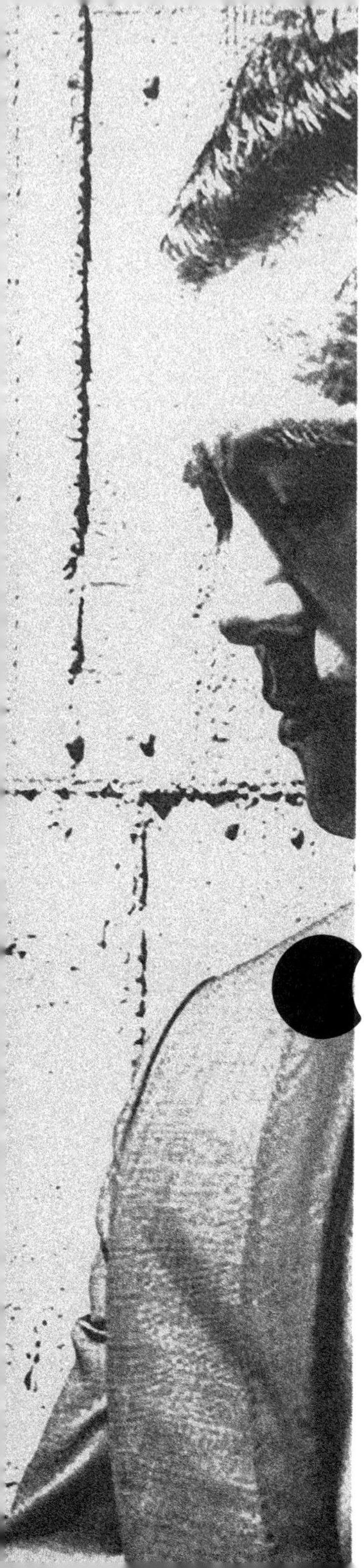

CHAPTER. 1　夢想與現實
CHAPTER. 2　光榮時刻
CHAPTER. 3　傷痛

初虧

第一部

L

CHAPTER. 1

夢想與現實

我剛去美國時，第一年在小聯盟的每一天都覺得很痛苦，不管是棒球上還是生活上，我覺得做什麼都很痛苦，球隊沒有宿舍也不提供飲食，一切全部都要靠自己，如果不是因為科羅拉多洛磯隊有提供翻譯幫忙，我可能真的會不知道怎麼辦才好；當你被丟到一個完全陌生的環境，你就像是一個剛出生的小孩一樣什麼都不會，也什麼都不懂，連想要開口問都不知道該怎麼問，可是偏偏你又是一個大人，在生活上會有各種疑問和需求需要被解決，這是最大的痛苦。

只有真正經歷過需要靠人照顧，連言語表達都需要仰賴另一個人幫忙的人，才知道一個好的翻譯有多重要，對一位旅外的球員來說，所有生活上的適應、文化上的適應，還有人際關係的建立，都需要一位好的翻譯來幫助你；如果球隊沒能找到合適的翻譯人選，或是球員和翻譯在相處上出了什麼問題，這對球員在美國的發展會造成最直接的負面影響，甚至讓他只想趕快逃回臺灣去。

對於想出國挑戰美國職棒的球員來說，翻譯不僅僅是你接觸美國文化的第一個嚮導，他也是新隊友認識你的第一個窗口；翻譯是你的生活助理，也是你的公關代表，除了懂棒球之外，更重要的是他要會判別周遭的氣氛和環境，要有很強的適應能力。

語言能力當然是第一個必備的條件，但是翻譯需要懂臺灣和美國兩地的文化，也要懂得怎麼幫選手去適應這個新環境；臺灣球員剛剛來到美國，最重要的就是認真學習認真練球，每天都要去投入在這些以前從未接觸過的訓練方式裡，而球場外的那些生活知識，就要靠翻譯在每天有限的時間裡來費心協助，這是非常重要的。

我是第三個跟美國球隊簽約的臺灣球員（加上我總共有四位到美國打球，前三位分別是譚信民、陳金鋒、郭泓志，但只有後兩位有簽約，而我是第三位），那時美國球隊對亞洲的了解不像現在，他們以為亞洲就像拉丁美洲一樣，語言的差異只是腔調和習慣用字不同而已；很多人根本無法理解日文、韓文和中文是完全不同的語言，也搞不懂為什麼日本球員、韓國球員和臺灣球員不能共用一個翻譯，彼此之間也不能直接溝通。

洛磯隊指派給我的翻譯是一位來自中國大陸的社會人士，他的英文不錯，但是對棒球和美國的運動文化並不了解，很多我們球場上最基本的術語跟單字，他都要從頭再去理解，翻譯出來的結果也有偏差，所以即使是翻譯成了中文，我還是要半聽半猜才能了解他翻譯出來的意思，一開始就造成了很多困擾。

我簽約的時間比較晚，簽約之後在臺灣又有一些事務要處理，所以沒有像郭泓志那樣，在前一年就被球團安排了去美國秋訓，他先適應了美國職棒的環境，也交到一些新朋友，所以等到春訓報到時很快就可以投入球隊的運作；我一直到二〇〇〇年春訓報到才第一次接觸到球隊的一切，對美國職棒的這個新環境是完全陌生的，我除了必須花很大心力去適應練球的各種細節之外，還要學會在生活上和我的翻譯配合，這讓我在美國的第一年就很沒有安定感。

我一到美國就先考了駕照，但是我從來沒有在美國開過車，所以理所當然的認為，已經在美國住過一段時間的翻譯可以幫到我，但是我一坐他的車，立刻就覺得他好像不太會開車，連我這個剛拿到駕照的人都可以開得比他穩；而且他方向感比我還差，常常走錯路，所以後來變成全是我在認路，我要記得怎麼從飯店到球場，怎麼從球場去其他地方，還要提醒他注意開車時的安全，那些都是我到美國一開始就要適應的事。

這位翻譯把職業棒球當成是一個上下班的一般工作，只有練球和比賽的時候才會幫我翻譯，其他時候他都不太和我的隊友互動，即使隊友主動來找我聊天，他也不太願意幫忙，都要等到我也開口講話了，他才肯幫我回答；春訓剛開始的時候，我連想要表達最基本的問候都沒有辦法，常常說了「嗨」之後就沒辦法再繼續下去，只能對著人家微笑，後來我才知道有些隊友們覺得我只是在應付他們，像是在耍大牌。

這跟我的個性完全不合，我很想做我自己，去跟隊友聊天說笑打成一片，不想讓隊友誤會我是因為簽了大合約，所以故意擺了一個很神氣的高姿態，但是我一句英文都不會講，根本不知道要怎麼開始；有時候就算我回答了隊友的問候，我的翻譯也只是臉臭臭的照著字面上直接翻成英文，沒有傳達我想要表達的情緒，這種反應就會讓我和隊友很尷尬，很快的連我都感覺到隊友開始跟我有了距離。

有時候練完球或是比賽結束後的晚上，隊友會邀請我們出去吃飯或是逛逛，這是很正常的社交，但是我的翻譯會說他要下班了，球場外的事不是他的工作範圍，即使後來球隊直接要求他要幫我和隊友打成一片，並且要透過這些生活上的互動來加強我的語言能力，他都還是堅持說他需要有私人的空間，只能配合正常的上下班時間，所以我只好靠自己努力和隊友比手畫腳打交道。

連自己身邊每天要朝夕相處的人，在工作和私底下都沒辦法全力幫助你的時候，這感覺就像是我想要全力往前衝刺，但旁邊應該要幫忙推我向前的人卻都在後面拉著我一樣，連我想要好好講清楚我想要表達的東西，他都沒辦法幫我表達，也讓我隊友對我有點排斥；很多當時的事都是等到多年以後我的英文進步了，理解了美國的文化之後，才恍然大悟說，啊！原來當初是因為這樣，大家才對我有那樣的距離感。

這些都是到後來我沒有翻譯之後，變成我自己要面對隊友、和他們相處的時候，他們才開始跟我分享這些事情；隊友們告訴我說，曾經有很多人都在背後罵我，因為他們覺得我好像自以為有多了不起，雖然球技真的不錯，但是他們就是看我不順眼，而且都等著想看我出糗。

第二年的翻譯是一位在美國讀書長大的臺灣人，他是一位熱愛棒球的球迷，非常熱愛棒球，也非常享受在球隊的工作，但我只能說他比較天兵一點，可能常常忘記自己是來工作的，他對棒球的熱情也讓他對一些球場上的事物特別容易興奮，在美國這樣的人就很容易成為大家開玩笑的目標。

我印象特別深刻的是有一次我們比賽前，總教練突然很嚴肅的把他叫過去說，「亞瑟，我突然找不到打擊區的鑰匙了，你去問一下主審是不是在他那裏？」

這是美國球隊最經典的開玩笑橋段之一，通常都是在有年輕小球迷來當球僮的時候，會有人開這種玩笑，然後可愛的小朋友就會去問主審；如果碰到剛好也是位個性比較活潑的主審，有時候還會自動配合，叫小球僮去問一壘審，或是去投手丘後面找找之類的，大家開開玩笑。

那天我就看到我的翻譯亞瑟急急忙忙往本壘衝過去，大概講沒有兩句話，主審就很大聲的說了「No」，然後揮揮手像趕蒼蠅一樣叫他走開，叫他不要開這種玩笑；我看他回來的時候滿臉疑惑，然後教練和隊友都笑成一團，他才知道自己可能被教練開了玩笑。

當時我的英文能力當然還不夠理解發生了什麼事，只知道我的翻譯大概又搞笑了，但是亞瑟是個負責的翻譯，雖然自己出了糗，他在事後還是解釋給我聽，說他為什麼會突然跑去找主審講話；我當下直覺的反應就是，打擊區就是一個畫在地上的框框，哪來的什麼鑰匙？一個棒球人怎麼可能會被這種話騙？

亞瑟很無辜的回答我說，因為總教練看起來很嚴肅，所以他想都沒想就直接去問主審了，那時我心裡就想說，今年完蛋了，這個球季他應該會被整得很慘。

但是美國職棒這個環境就是這裡可愛，當大家一整個球季都混在一起，像是一個家庭的時候，教練認真的表情加上隊友的配合，很多時候連資深老將都會不小心被騙；那一整年這樣的事層出不窮，後來我也常常要把亞瑟拉到一旁，跟他說可不可以安分點，就坐在旁邊乖乖的，幫我聽話幫我回答就好，不要再這樣跑來跑去被人家開玩笑。

但是即使是乖乖坐在休息區裡，一整場比賽下來他還是比誰都熱情，不管球隊有沒有打安打或是得分，他都是最激動的那一個，把休息區變成了像搖滾區一樣；有時三壘教練在球場上指揮跑者回本壘得分，他也會跟著從休息區尾端又跑又跳往另一頭衝，有時沒注意就會撞在總教練身上，然後被總教練一把推開，他才會扶著眼鏡回去坐好。

二〇〇〇年加入洛磯隊，第一年就獲選參加大聯盟的未來之星明星賽，在亞特蘭大和前輩陳金鋒一起代表世界隊。

我不知道其他的旅外球員是怎麼度過一開始的適應期的，我花了兩年多，經歷了兩個有趣的翻譯，才慢慢覺得自己可以應付生活上的一切；所以在考慮旅外之前，特別是在選擇要去美國之前，你一定要先學會承受孤獨，這是我最誠心的建議。

我覺得臺灣選手要去美國發展之前，第一個一定要評估的就是最現實的簽約金，因為這會反映在之後去美國生活上的現實面，各種各樣的花費都需要依靠這筆錢；小聯盟的薪水很低，低到幾乎無法維持日常生活，食衣住行都要自己花錢，如果沒有足夠的簽約金去消耗，那真的是很辛苦的一個賭注。

另一個也很重要的就是，一個球員要了解自己的能力與個性到底適不適合去美國；會被球探看上的球員當然都有一定的實力，球探要把選手從臺灣帶去美國，一定也是認為有成功的可能，但是選手自己要嘗試評估的是，如果先在亞洲打球會不會是一個比較安全的選擇？

以對選手的待遇和保障來說，美國的小聯盟是比不上日本職棒的，最主要的差別就是收入，其他還有附帶的球團照應與關注等等；所有從臺灣直接前往美國小聯盟的選手，幾乎都花了很長的時間在小聯盟證明自己，但是如果能在日本的二軍打出成績，你幾乎馬上就有上一軍表現的機會，下一步就有機會挑戰美國職棒了。

王柏融是一個還在實驗中的例子，當初如果他選擇從臺灣直接去美國小聯盟，他不會有加盟日本火腿隊之後的那些保障，生活上也會過得非常辛苦；但是像陳偉殷就很成功，他在日本取得了好的成績，然後再帶著這個資歷前往美國挑戰，也避開了美國小聯盟那段最艱苦的歷練，但是卻達到了超越所有人的成就，我認為那是很成功的做法。

整體來說，亞洲投手比較有機會在美國成功的原因，是因為我們從小的訓練比較重視控制，也就是控球，在年輕三級棒球的階段，美洲棒球對球員可能沒有像亞洲這麼嚴格的要求，也因此在職業生涯的初期，亞洲投手的成熟度是勝過美國投手的；但是美洲選手的進步相當快，到了比較高的等級，或是到了大聯盟的階段，這些差異就已經不存在了，一個投手要在大聯盟站穩就是要球速與控球兼備，缺一不可。

亞洲或是臺灣的投手一開始可以帶著控球的優勢去，如果球速也還不錯的話，就可以在小聯盟站穩腳步，繼續上升的機會相對也比野手大；野手如果想要在美國成功，你先要有力量、要有速度，更基本的是你還要有足夠的防守能力，對年輕選手來說，變數比起投手大得多，要努力加強的地方也比較多。

亞洲人天生在體格和力量上處在弱勢，所以技巧是亞洲打者最大的優勢，這麼多年來，力量型的亞洲打者能在美國職棒獲得成功的，大概就是日本的松井秀喜，還有韓國的秋信守，大谷翔平也是力量型的打者，但是他的價值還是在投球上；真正主宰過美國職棒、讓美國人覺得衷心佩服的亞洲打者就只有巧打型的鈴木一朗，他其實也具備了足夠的力量，但是真正讓他遠遠勝過競爭對手的，卻是他的打擊技巧。

臺灣赴美發展的野手中，技巧型的胡金龍、林子偉，在上了大聯盟之後都靠著多元性的球技而得到比較多的表現機會，反而是力量型的陳金鋒就走得比較辛苦；同樣是力量型的野手還有高國輝、蔣智賢，他們在小聯盟的路都走得比較辛苦一點，因為當你的力量強度跟其他美國或是拉丁選手只是差不多，或是稍微好一點，那你只是拿到了基本的入場券而已，接下來要比的就是打擊技巧、守備範圍、跑壘能力、對比賽的直覺和掌握能力等等，你一項一項都要勝過人家，才能一步一步往上爬。

從小聯盟到大聯盟這條路，每一個選手都會被拆解開來一個一個檢視，你被人找到的不足之處，就會被不停的猛攻，直到你能做出改變為止，如果你的缺點輸人家一截，又沒有辦法持續進步，你的機會就會越來越少；力量這一塊是我們亞洲選手天生的劣勢，這是無法否認的，所以我們一定要靠著後天的訓練和自我要求來拉近這個距離，再靠其他方面的優勢來製造自己存在的價值。

投手也是一樣，這幾年越來越講求力量，而力量最直接的評量標準就是球速，球速之後的評量項目則是球種位移、控球、三振能力，還有壓制場面、解決打者的能力，這些都是一位投手必須面對的挑戰；我在嘗試復出的時候，對自己的投球只有一個目標，那就是我的球速一定要能夠上到九十五英里，而且不是偶爾能夠那麼快，而是要能穩定的維持在那個速度，因為我認為如果一個牛棚投手的球速沒有達到九十五英里這個基本數字，他是絕對不會被大聯盟球隊放在眼裡的。

特別是當時我的年紀已經不小，又曾經動過大手術，如果我不能穩定的投出這個球速，球隊就會認為我的傷勢還沒恢復，或是我已經到了開始退化的年紀；我有豐富的經驗，這個優點所有的老將都有，並不是什麼了不起的特色，所以我只能用最實際的球速來吸引球隊注意，不然這樣的機會他們給年輕人就好，不可能給我。

我覺得一個投手，不管你是年輕的還是資深的，如果你想去美國職棒發展，球速最少佔了七成以上的重要性，這是美國職棒最基本的門檻；我認為控球是可以練的，但是如果沒有球速作為基本的武器，在美國職棒這個重視力量的環境裡，你一開始就處在一個劣勢。

現在有很多從來沒有真正比賽過的素人或是假日打球的業餘球員，透過一些專業訓練讓自己的球速在短時間之內提昇五英里甚至十英里，這是因為他們從來沒有接觸過這樣的訓練，所以在肌力獲得突破之後才被開發出這些潛能；職業選手長年接受專業訓練，球速是第一個被推到極限的能力，很少有人在進入職棒之後還能有這種大幅度的加速。

靠著後天訓練和科技器械的輔助，球速當然也有機會可以提升，但是進步的幅度我認為比起練控球要難；一個成長中的年輕選手，球速或許可以有機會向上提升，但是當一個棒球球員成年了、接近定型了之後，能夠持續的精進的就只有控球。

除了球技的培養之外，美國職棒的小聯盟很像是一個練兵工廠，它把能力相近的球員全都聚集在一起，藉由不停的比賽來增進大家的戰鬥能力，同時也藉由規律緊湊的生活方式來培養出一群目標一致、對棒球的認知也高度相似的團隊成員，讓他們能在球團有需要的時候被送上大聯盟，立刻填補上戰力的缺口。

二〇一五年重回道奇隊春訓，在與小聯盟主管會面之後和經紀人合照留念，感謝他一路以來的協助，如果沒有他，我的棒球之路也許會比想像中更艱困難行。

想要旅美的臺灣球員必須了解，即使是在高度尊重個人自由的美國，對團隊精神也是相當重視的，棒球是一個團隊運動，這句話對美國人來說絕對不是說說而已，一個無法融入團隊的球員，不管天生能力再優秀，都很難在美國職棒這個環境生存下來；因此如何快速適應美國文化，在轉換層級和球隊的時候快速成為新團隊的一分子，就是外籍球員在美國最大的挑戰，我們不是靜靜坐在角落、守規矩不說話就夠了，因為職業棒球需要依靠隊友之間的默契和互動，才能成功。

在美國這個嶄新的環境，不論是飲食、語言、環境，還有文化跟人種，這些東西對旅外球員來說全部都是新的，沒有任何一個東西是第一年就馬上可以適應的；我想很多旅美的球員在一開始都跟我一樣，我們只是假裝去應付，強迫告訴自己說我絕對可以，因為沒有辦法，那是我們自己選擇的工作和前途，所以只能逼自己要更快去融入那個環境而已。

想要去美國職棒挑戰的球員，最好花時間多去了解一下在美國小聯盟的那些環境，現在臺灣有這麼多曾經去過美國的前輩，他們都可以問；衡量一下自己能不能承受一個人在陌生環境裡，去面對那些食衣住行上的改變，先確定好這些，再來想想自己到底有多想要去國外打球。

早期我們到美國發展的時候，不像現在有方便的網路科技和社群軟體，可以隨時和臺灣的親友保持聯絡，也可以上網看到各種中文的資訊和娛樂，我們只有那種要打密碼的國際電話卡，只能偶爾和家人朋友打打電話，如此而已；球季進行期間我們真的就是自己一個人闖天下，很孤獨的在一個外地球隊裡奮鬥，要等到球季結束了才能找到老朋友，用自己熟悉的語言聊天敘舊。

有時候我會覺得，會不會是因為現在這些便利的科技，反而讓一些年輕的球員比較無法融入美國的環境，也沒辦法去深度體驗美國的人文和文化？即使人到了美國，他們從來都沒有真正離開臺灣，在美國看的是臺灣的影片，玩的是臺灣的遊戲，有事沒事就和臺灣的朋友聊天視訊，這樣對他們來說未必是一件好事。

有個很好的例子，就是美國球員彼此之間的垃圾話，這是臺灣所沒有的文化元素，但卻是美國人從小到大在各種競技場上累積下來的一種溝通方式，有時候隊友之間會互相調侃，甚至可能會到讓人不舒服的地步；在臺灣成長的我們能承受多少，或是要怎麼去融入這樣的溝通方式之中，對臺灣球員來說是很難理解的，甚至還可能會誤會自己是不是被隊友歧視了。

二〇一五年球季結束之後，我沒有馬上接受洛杉磯道奇隊的續約條件，想要先成為自由球員試試看，但是繞了一圈後來我還是和道奇隊續約，結果春訓報到的時候小聯盟主管特別跑來找我，調侃我說等到沒人要了才乖乖回來道奇隊，早知道他就不要跟我續約；如果我對這種垃圾話文化不夠了解，我可能就會覺得怎麼一個球隊主管這麼計較，居然要專程跑過來酸我兩句，是不是故意針對我？但是因為在美國待了這麼多年，我已經習慣這種運動員之間的溝通方式，大家聳聳肩笑一笑就沒事了。

如果常常抱持著這種「隊友欺負我」的受害者心態，那你就是在一個不開心、不舒服的情況下練球，你對這個環境會充滿敵意，不管是訓練還是比賽的成績都會受到影響，隊友講的每一句話，不管聽得懂還是聽不懂，你都要懷疑他是不是在講你；從春訓開始你就要擔心「講你壞話」的隊友會不會跟你分到同一隊，那如果真的有這樣的人和你同一隊了，你要怎麼辦？要是他們繼續有事沒事就這樣開你玩笑，你又要怎麼應對？

如果不能放下這種負面情緒，或是找不到應對的方法，你就不能全心全意投入訓練，也不能享受這個環境所能帶給你的進步；很可能你從春訓一開始就希望這個球季趕快結束，甚至你只想做一些最基本的，應付一下就趕緊離開球場，這樣下去時間一久，進步的距離就會被其他選手拉開了。

球季開始以後，要是這個你眼中一直找你麻煩的隊友被球團升上去了，你會不會認為球團也在歧視你？更糟糕的是，就算他被升上去了，你也還是解脫不了，因為下一個補上來的新隊友可能也是一樣的性格，一樣喜歡開玩笑說垃圾話，因為那就是他們的文化，而那些負面情緒只會讓你更加無法專注在球場上，而那些該用來加強自己、進化自己的時間都被壓縮了，因為你都拿來想這些不開心的事。

我不是說種族歧視不存在，因為即使是在職業運動這種靠實力說話的領域，種族歧視一樣存在，我自己也碰到過，但是真正重要的是你要學會去判斷怎麼樣是歧視，怎麼樣只是在開玩笑；這需要靠你自己花時間去和這些外國球員交往，把語言學好，去理解他們的文化，也讓他們知道你的界線在哪裡，不要整天覺得人家在歧視你，要開玩笑要酸人家我們臺灣人也很會，不用怕，友誼就是從這樣的互相調侃建立起來的，不是嗎？

出國打球沒有那麼簡單，也不是只有打球而已，你是去那邊打球，也是去那裡生活；只有做好準備，在心態上準備好要全心全意融入那個環境，你才有機會成功。

CHAPTER. 2

光榮時刻

身為一位運動員，我們從小到大就在一個充滿競爭的環境裡成長，我們和比賽的對手競爭，也和自己的成績競爭；在高中時我和我的好朋友郭泓志競爭，每天翻開報紙看前一天他在比賽裡球速投到多快，然後輪到我上場投球的時候，我就想要投得比他更快，讓他明天可以在報紙上看到。

但是我們每一個人心裡都知道，競爭到最後的目標，就是那件藍色白色紅色的中華隊球衣；入選中華隊代表國家比賽，是我們從小就嚮往著的一個夢，小時候根本不會想到什麼日本職棒、美國職棒，對我們來說能夠代表國家比賽、為國家盡一分力，那才是最重要的榮耀，我相信每個人都一樣。

我們球員的想法很單純，穿上中華隊的球衣，不管是在臺灣比賽還是在國外，我們臺灣球迷那種獨特的加油方式是很讓人感動的，如果有幸能夠在臺灣比賽，在球場上聽到那些熟悉的加油聲，還有那種吶喊的力量，真的會讓人覺得很亢奮，也會讓人忍不住想要全力拚戰，展現出自己所有的能力。

這種感覺對我們旅外的球員來說更是強烈，我們很多人都是高中畢業，或是剛進大學沒多久就出國了，很少有人真正有過機會在滿場臺灣球迷面前展現自己的能力，我在一九九九年的世界青棒錦標賽就第一次體驗到，那種熱血沸騰的感覺我永遠都忘不了；旅外選手被選入中華隊有一種衣錦還鄉的感覺，就像是我現在成功了、夠資格穿上這件球衣代表國家出去比賽了，這是一種無法形容的榮耀，因為你知道全國的人都在檢視你，都希望能透過你來表現給這個世界看，這是多麼光榮的一件事！

一個球員在美國小聯盟待了幾年，可能有人透過文字報導看過一些他的成績，或著是網路上有一些他的照片影片，但是這些都不是一般球迷可以看到的；就像現在，一個棒球迷不見得能講出臺灣有哪些旅外球員，但是如果現在有一個國際比賽，有旅外球員被選入中華隊，那一下子大家就都認識他們了。

在二〇一七的世界棒球經典賽之前，有多少棒球迷知道宋家豪、知道江少慶？在二〇一九年的世界棒球十二強大賽之前，有多少棒球迷聽說過張奕？不管這些旅外的球員在哪裡，不管一整年的球季比賽下來有多累，只要是中華隊徵召，他們都願意放下一切，因為他們都知道中華隊在國際比賽的成績對臺灣有多重要，對臺灣的棒球迷有多重要，他們都想要代表國家，為國家盡力。

二〇〇八年的北京奧運，即使知道自己仍帶著傷痛，但上了場就是全力拚搏，為了榮耀，我們都不想留下遺憾。

就連奧運這種卡在職棒球季中間的國際比賽，陳金鋒、王建民、陳鏞基、林威助、陳偉殷、高國輝、蔣智賢、林哲瑄、郭嚴文這些球員都還是願意放下在國外的一切，為中華隊的榮耀而戰，即使可能耽誤自己的職業生涯也不在乎。

我對奧運有很深刻的記憶，因為兩次奧運我都是帶著想要復仇的心情去的，二〇〇四年的雅典奧運我一直希望能有機會再對到日本隊，因為在一九九九年亞洲棒球錦標賽的時候，我被他們打出再見安打害中華隊輸球；我一直放在心裡，一直希望能有機會再表現一次，證明給日本隊還有臺灣的大家看，現在已經不是當年輸給日本隊的那個曹錦輝了，我希望他們能感受到我的進化。

我想要證明給大家看我已經不是一九九九年的那個高中生，我現在是大聯盟的職業選手，我想讓大家看我的成長到底有多少，所以我下去投的時候是比我在大聯盟還要投入，甚至激出一百六十公里那樣的球速；當時我也以為是不是雅典的棒球設備不準？是不是測速槍有什麼問題？但是後來二〇〇五年我在大聯盟也丟出一百零一英里，我才確定雅典奧運時的球速是對的，我是真的有丟出那麼快的球。

我覺得我應該有證明到我和一九九九年不一樣了，有進步成一個真正的職業選手，只是很可惜我仍然沒有辦法幫助中華隊贏球，雖然我的球速進步了，我的表現也進步了，但是只要球隊沒有贏球，我就覺得自己沒有成功；我是帶著遺憾的心情離開雅典奧運的，之後的幾年我也一直希望能再得到一次表現自己的機會。

到了二〇〇八年北京奧運的時候，我的狀況就不是那麼好，我被皇家隊釋出，比起雅典奧運，那時的我多了一個關節唇的手術，雖然已經完成了復健，也在道奇隊交出不錯的成績，但是持續的傷痛讓我無法繼續留在大聯盟，手臂也不是在最好的狀態；總教練把牛棚救援的責任交給我，我也仍然盡我的全力去面對比賽，但是最明顯的差別就是表現在球速上，我已經比不上前一次奧運的速度了。

那時候我沒有合約在身，手臂的健康也不在我自己覺得理想的狀態，但是一穿上那件中華隊的球衣，我就覺得自己披上了一層責任，想要幫中華隊拿到好的成績；和四年前比起來，我在球隊裡已經算是年長的球員，在牛棚裡也有了領導的責任，但很遺憾的是我還是沒有辦法壓制日本隊，也沒有幫中華隊拿到更好的成績，這兩次奧運的表現都讓我覺得很可惜。

入選中華隊的另外一種心情，就是會忍不住想要看看自己出國之後有沒有進步？進步了多少？跟臺灣的球員比起來自己有沒有更好？中華隊的隊友一定都是中華職棒的菁英，有些可能都是從小就崇拜的前輩，也有些是一起長大一起比賽的好朋友，現在大家隔了幾年以後又聚在一起，又有機會一起比賽，旅外的選手也會想要看看自己在國外學到的這些東西，跟臺灣的老朋友相比有沒有什麼不一樣？有沒有什麼我們可

二〇〇四年在雅典奧運與隊友的合照，那時的我們都很年輕，對於能到異地出征、為國爭光，興奮之情溢於言表。

以互相切磋的地方？

很多人會覺得陳鏞基、增菘瑋很可惜，或是陽建福很傻，為了這些中華隊大大小小的比賽影響到自己的職業生涯，陳鏞基本來已經是站在大聯盟門口的明日之星，陽建福在最強的時候也絕對有旅外的實力；耿伯軒、林恩宇、王躍霖、羅嘉仁、甚至陳金鋒，都曾經因為中華隊的比賽而受到影響，高國輝甚至甚至是在中華隊的表演賽受傷，花了一年才回到球場，但是如果問他們會不會後悔，我想他們的答案都跟我一樣，不會。

從小到大，有多少人可以在自己的專業領域裡努力進步，一直進步到國家願意把為國爭光的責任交給你，讓你穿上代表國家的衣服，和一群一樣優秀、一樣熱血的好朋友們一起去為國家爭榮耀？我想沒有很多吧？面對那樣的責任、面對大家的期待，我們是沒有辦法拒絕、也不可能會拒絕的，因為那就是我們證明自己價值的機會，不管結果是好還是不好，我們都盡力了，也把自己所有的能力都留在球場上了，那是我們唯一可以回饋國家的方式。

現在回頭想想，只會希望這一路走來，國家能給選手多一些些保障，讓大家在代表國家的時候可以不必有那麼多的壓力和顧忌，也可以毫不保留的發揮出自己全部的能力；在個人生涯和國家榮耀之間，不要說球團擔心，我們自己都會擔心，都會怕這一次又一次的史上最強中華隊，又會讓哪一個球員受到傷害？

不管有沒有旅外，我們這些球員都很愛國，也願意為國家付出，只是我們也希望國家可以多愛我們一點。

CHAPTER. 3

傷痛

我這個人在高中畢業出國前根本沒有面臨過什麼挫折，最多就是我們身為棒球員一些身體最基本的傷害和痠痛；我小時候打球都是野手，國小的時候腳程快、傳球也有力道，所以都是擔任游擊手，偶爾會投一下球，國中也是，投球都只是偶爾中繼一下，一直要到高二，教練才把我放上投手丘做密集的訓練。

轉投手之後一直都很順利，在臺灣比賽的時候從來沒有碰過會被打者重擊的，心靈上也沒有受過什麼打擊，或需要什麼修復的過程，那時我完全不懂，覺得自己就站在世界的頂端；一直要等我到美國打球了，才面臨到這些挑戰，也真正接觸到球技技術面比我們更好的選手。

這些很強、很優秀的選手是怎麼成長、怎麼變成這麼厲害的球員，對當時的我來說是一個又一個巨大的問號，我知道他們有很棒的天賦本能，但是我也知道他們一定有一個訓練的過程，讓他們可以變成現在職棒球員的這個樣子；一直到我融入了美國職棒這個環境，我才知道我們臺灣的棒球環境有很多不足的地方，不管是技術、訓練的分量，還有訓練內容的精準度，我們都應該更努力向美國人學習。

在我終於上到大聯盟的時候，回頭去看之前小時候的我，還有後來在小聯盟的每一天，不管是訓練、比賽，還是復健，我都覺得自己太菜，原來自己憑著天賦本能打了這麼久的球，那些自己以為很辛苦的鍛鍊，原來對大聯盟的選手來說都只是最基本的日常訓練；然後一轉身看到周圍這些大聯盟的隊友，你就會了解為什麼大家都說上到大聯盟並不是一個成就，那只是下一個挑戰的開始，因為一不小心你就離開了。

我人生的第一個手術就是俗稱 Tommy John 的手肘韌帶置換手術，但是在那之前我的肩膀就已經受過傷了，回想起來在高中時期應該就有三次，只是沒人告訴過我到底是關節唇、旋轉肌，還是就只是單純的發炎或拉傷；那個年代我們都只是小孩子，運動醫學也不像現在這麼被重視，所以那三次肩膀不舒服都只是停下來休息，讓他自己復原，三次都是這樣。

再往前想，國一的時候應該也有傷過肩膀，那時候也是休息，休息一陣子手的狀態就會恢復，就又可以丟球；那個時候年紀小不懂，有時候聽教練說，有時候自己稍微調整一下姿勢，看怎麼丟可以比較不痛，然後就繼續丟了。

唯一記得有嘗試一些治療或是復健的，就是高三有一次肩膀痠痛，有人幫我做了一個復健療程，當然比不上職業隊那麼完整，只是單純透過復健師幫忙做一些強化而已；那是我第一次接觸到運動醫學這樣的東西，在嘗試之後我也有體驗到效果，就是我的手慢慢就恢復了。

我一共開過三次刀，第一次是二〇〇一年的手肘韌帶，第二次是二〇〇五年的關節唇，對投手來說都是會影響投球生涯的大手術；最後一次是在二〇一六年把手肘的骨刺拿掉，那比較起來就是小手術了，骨刺拿完差不多三個月我就上投手丘了。

手肘韌帶的手術跟復健對我來說是比較正常的，那是我人生第一個重大的手術，心情當然是很緊張，也擔心自己會不會再也沒有辦法投球，但是既然事情都發生了，也只能接受球團的安排；但好處是郭泓志比我先動過這個手術，我已經聽他說過很多關於復健的過程，所以心裡已經有了準備，美國職棒對這個手術已經很熟悉，所以我的整個復健算是風平浪靜，後來也順利上到了大聯盟。

二〇〇三年我投完了在大聯盟的第一個球季，手肘復原的狀況非常好，我也準備好接下來就要開始我的大聯盟生涯，但是二〇〇四年的春訓我就進了傷兵名單，才剛剛復原就被中華隊徵召去打雅典奧運；奧運回來之後科羅拉多洛磯隊讓我在三A轉為牛棚投手，然後在九月名單擴編時把我叫上大聯盟擺在終結者的位置，我對洛杉磯道奇隊拿到了我在大聯盟的第一次救援成功，也被告知球隊會在二〇〇五年讓我擔任終結者。

但是二〇〇五年還不到五月，我的終結者生涯就結束了；我從來沒有想過肩膀原來可以這麼痛。

我整個肩膀發著脹，即使是冰敷和消炎藥都沒有辦法讓情況好轉，身體一動整個肩膀就跟著痠痛；我用左手沿著右肩胛骨一點一點按著，想找到那個讓我痠痛到舉不起手來的點，可是我找不到，不管我怎麼伸展怎麼扭轉，我就是沒辦法讓我的肩膀舒服一點。

醫生說關節唇就是這樣，我們永遠都不知道它會怎麼復原；而且不管開刀還是不開刀，關節唇受傷的人只能一點一點做一些復健，也許慢慢有一天，它就會突然好起來，但是它永遠都會痛，痛多痛少而已。

我只記得當我決定要開刀的時候，大家看著我的眼神；因為他們都說，這是投手絕症。

動完關節唇手術，我的復健可以說沒有一天是照著計劃走的，每次好壞的起伏都很大，有時覺得自己好像可以開始傳接球了，有時早上起床又覺得好像有一把刀插在肩膀上；有過 Tommy John 的經驗，我知道復健這種事要一步一步來，我都很努力把醫生和復健師給的課程都做完，總覺得照著計劃做完就會好轉，有時候一整個月都沒有任何進展，我還是繼續堅持著球團給的復健內容。

後來復健上遇到了瓶頸，我們開始嘗試一些不同的復健方式，洛磯隊也到處去請教不一樣的治療師，就像在做實驗一樣不停在試；但是很多時候治療師提供的建議都已經是我們嘗試過的方式，到最後真的是把所有能想到的復健方式都用完了，已經不知道該怎麼辦了。

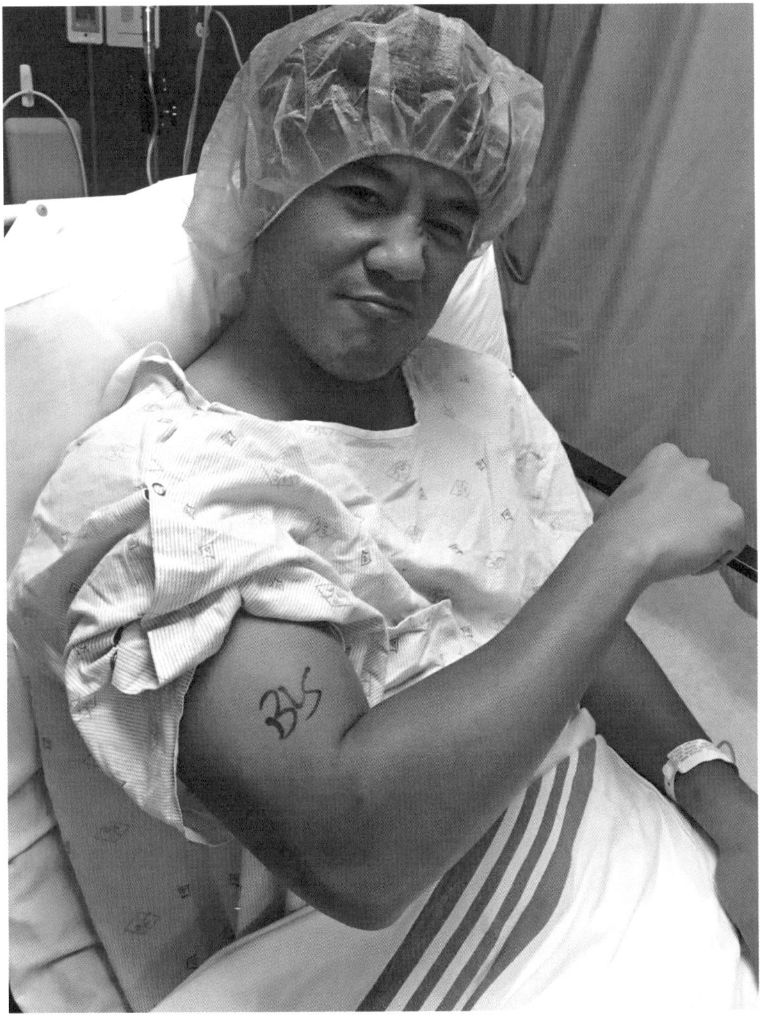

二〇一六年八月在道奇隊傷兵名單上，終於開刀移除了困擾我多年的手肘骨刺。

但即使是在這樣的情況下，我的復健還是收到了足夠的成效，已經到了球團願意讓我在復健基地投模擬比賽的程度，如果模擬比賽能夠過關，我就會被分發到小聯盟球隊去投復健比賽；但是那次的練投我居然又撕裂了我的關節唇，球團怕我一直再這樣撞牆下去，心理上會受到太大的打擊，也怕我心情無法調適過來，所以決定放我一個月的假，叫我什麼都不要做，其實也就是等於整個復健砍掉重練的意思。

美國球隊對復健這種事，會特別去關心選手的心理狀態，他們知道我本來已經恢復得差不多了，但是又突然再度受傷，一定會特別沮喪，所以就決定讓我暫時離開球場這個環境或許會對我比較好，等我心情平復之後再回來討論後續復健的訓練表。

我放完假回來是九月，球季已經是尾聲了，我當然不可能再趕上球季的比賽，回來以後醫療團隊依然是束手無策，醫生和復健師都說，他們已經把所有最好的復健課程都用在我身上了，但是看來我的手都沒有辦法應付，復原的程度很有限，所以他們直接說是不是由我自己來決定復健的內容，自己判斷什麼是比較有效的，醫療團隊就變成只是監督的角色。

在那之後沒有多久我就回臺灣了，那已經是我和洛磯隊合約的最後一年，我不知道他們會怎麼安排，但是我沒有覺得球隊放棄我，我的的確確完全是自己很認真的去找其他的復健方法；我在臺灣到處去打聽去問，有沒有什麼對肩膀的醫療和復健方法是有人嘗試過有用的，只要有聽說過的我就都去試，球隊只給我一個原則，就是不能做重量訓練，其他的全都讓我自己決定。

我回到花蓮自己調整，花了一點時間去整理一整年球隊給過我的各種復健內容，把重複或類似的都刪減跟融合之後，根據我可以承受的分量從裡面挑選肩膀負擔沒有那麼大、而印象中對我有效的復健訓練；如果和一些球界前輩見面或是吃飯，也會聽他們說到以前肩膀受傷的時候，做過什麼訓練是有效的，我也都會去嘗試，很多人介紹了中醫、針灸、推拿之類的治療，甚至連一些民俗療法我也去嘗試，真的是來者不拒，因為真的是復健到沒招了。

後來有一天洛磯隊一通電話打來，說他們把我移出了四十人名單，但是希望在合約結束之後還能再和我續約，這對我來說是一個不小的打擊，也是我第一次發現原來美國人也很會說場面話；我當然可以理解球團的決定，而我也沒有任何能力去改變什麼，只能繼續在臺灣做復健，反正距離春訓還有幾個月的時間，我覺得總是有希望可以再回到球場。

那段時間我常常去找郭泓志，和他一起做些復健和訓練，有一天他在電話上講了一陣子之後就把手機遞給我，我接過來才知道是洛杉磯道奇隊的亞洲事務部主管興梠英三郎，他說他知道我和洛磯隊的合約已經結束，希望我能考慮和道奇隊簽約。

高中的時候我就知道興梠這個人，最早好像是在野茂和小葛瑞菲的訓練營上有見過他，那時候有很多美國職棒的球探來找我，他也是其中之一，我知道他來看郭泓志、看我，後來還聽說更早以前他差點簽下許銘傑前輩；我們在電話上聊了一下天，他就很直接的說現在道奇隊在四十人名單上還有空位，他爭取到了第一順位給我，但是只能給我幾分鐘的時間考慮，他十分鐘後會再打回來，如果我還不能決定的話，球隊就會把名單上的空位交給下一位選手。

我掛上電話就跟郭泓志討論，他當然很興奮，一直要我趕快決定，因為畢竟洛磯隊已經把我從四十人名單上移下來，也沒有提出新合約給我，以我的傷勢來說，能拿到大聯盟合約是很難得的；而他最說動我的一句話，就是他說一九九九年我們第一次和美國球隊簽約的時候，本來是有機會可以在同一支球隊的，現在有這個難得的機會翻轉歷史，我一定要好好把握。

所以後來興梠打電話回來的時候，我就直接答應了，但是掛上電話之後我還是覺得很意外，因為我那時還在受傷復健的階段，是在關節唇開刀復健的期間又再傷到同樣的部位，這些我都沒有隱瞞，洛磯隊的醫療人員也更不可能隱瞞；我怎麼也沒有想到道奇隊願意給我這個機會，而且還把我放上四十人名單，邀請我去參加春訓，這讓我覺得很受到重視，很開心，也更加想要有好的表現來答謝他們。

簽約之後我的手其實還是很不舒服，道奇隊沒有給我新的訓練菜單，只是叫我春訓報到時再來評估，但是我就是不想認輸，更不希望到了新球隊去丟臉，所以我一直忍著痛一直練，想要把狀況練好；我知道自己可以忍受的投球分量大概就是一兩局，所以中繼會是最適合我的角色，洛磯隊曾經把我往那個方向調整，道奇隊對我的規劃也是牛棚，這樣的使用頻率對我來說應該就是極限了。

進去道奇隊的時候的確讓我看到兩支不同球隊的差異，不管是整體環境、選手態度、球隊的運作，還有訓練的方式，都差別很大；洛磯隊的訓練安排得很好，該練什麼要練什麼都規定得井井有條，分量也比道奇隊重很多，道奇隊規定的訓練分量就比較簡單，大部分的都是由球員自行規劃，球團給的只是最基本的方向跟分量，選手跟選手之間也很重視互相交流和互相幫助。

從離開洛磯隊之後，我就一直在嘗試各種不同的訓練方式，後來在道奇隊我接觸到了一些以前沒有見過的復健訓練，我也一一去試，我慢慢開始學會要去體認每種不同訓練背後的道理，然後慢慢讓你的身體和心理都能夠接受，這樣才能讓訓練發揮效果，不管任何訓練方式都一樣。

在道奇隊這些訓練，還有球團裡和睦的相處氣氛，讓我在被洛磯隊釋出之後又重新找到了自信，也在二〇〇七年球季一開始，就回到了大聯盟，還在第一場比賽就遇上了洛磯隊；我的人生有很多巧合，這就是其中之一。

二〇〇三年我在經歷了小聯盟的開刀和復健之後，第一次在洛磯隊以大聯盟選手的身份出賽，那場比賽我對密爾瓦基釀酒人隊拿下勝投，全世界都為我加油；二〇〇七年我在肩膀受傷開刀、被釋出之後重新回到大聯盟，第一次穿上道奇隊的球衣投球，面對的是之前簽我、給我機會、培養我、最後又放棄我的洛磯隊，比賽的地點一樣是在庫爾斯球場（Coors Field），也就是洛磯隊的主場。

站上投手丘熱身的時候，我就想要表現給洛磯隊看，證明給他們看之前放棄我是錯的，因為我找回了我的球速，也讓道奇隊相信我可以解決大聯盟的打者；那場比賽我投了一局多，沒有被打出安打，除了一個保送之外，其他四個打者通通都被我解決出局，能夠在前球隊面前做到這樣，我覺得很滿意了。

我記得在關節唇復健的後期，曾經聽洛磯隊醫療人員說我再也不可能丟到九十五英里以上，那是一個很大的打擊，但也是一個挑戰；我會覺得人家越說我不可能，我就越想要去做到，復出之後那年我在比賽中丟到了九十七英里，超過了之前任何人的評估，對我來說那是最重要的指標。

當道奇隊告訴我說我丟到九十七英里的時候，我心裡並沒有特別高興，反而是有一種放鬆的感覺，覺得自己終於擺脫了關節唇的傷勢，真的回到了原來的實力；只是沒有想到的是我雖然復健成功，重新回到了球場，甚至球速還超出洛磯隊他們的預期，但是終究還是沒能維持很久，球季還沒結束我就又上了傷兵名單，我的手就是這樣，一直存在著傷痛的問題。

在手肘和關節唇都開過刀之後，我就再也沒有想過要當先發投手了，因為我自己親身經歷過美國職棒的強度，我知道如果想要在那邊當一個先發投手討生活，除了平均球速要丟出來，球路要壓制得住打者之外，更重要的是要能夠長期穩定的幫球隊吃局數；除了少數真正天賦嚇死人的投手之外，大部分的先發投手都需要做到超高強度的長期鍛鍊，才能扮演好這個角色，而我的身體已經無法再承受這樣的訓練了。

在去美國之前我完全沒有想像過美式訓練的分量，講得實在一點，我第一次到洛磯隊春訓報到的時候，大聯盟選手給我的感覺就是，大家穿得漂漂亮亮的來球場，輕輕鬆鬆的打一場比賽，然後穿得漂漂亮亮的回家；那時我心裡的懷疑就是，他們真的天賦都這麼好嗎？感覺他們不是來比賽，根本像是來演出一樣，輕鬆自在的打球比賽又穿著舒服帥氣的衣服回家，我完全沒有看到他們努力認真的樣子。

後來要到我開始長時間關節唇復健的時候，被規定很早就要去球場做治療，我才看到一些很知名的明星球員，他們雖然沒有要復健，但是也會很早來到球場，甚至比我還早，所以我就養成一個習慣，每天到球場時都會先看看有誰已經比我早到。

我最記得的就是洛磯隊的當家一壘手陶德．海爾頓（Todd Helton），我的報到時間是早上九點，但是每天我提早到球場的時候，都會看到他已經在重量室做完重量訓練了，也就是說他一定更早就已經來到球場，把重量訓練做完又接著去做打擊練習，一直弄到快中午才進來換洗回家，然後下午又回到球場準備晚上的比賽；一開始我以為他大概只是偶爾這樣，結果很快就發現只要是球隊在主場比賽，他每天都是這樣的行程，而且我看得到他每天訓練的內容都不一樣，有技術上的、體能上的、肌力上的，什麼都有。

平常我們想像棒球的團體訓練，是一群人在那裡，不管是一般的美式訓練或是大家覺得分量最重最操的日式，一群人在那裏大家輪流，一組一組的練過去，會有很多站在旁邊等待的時間；但是像海爾頓這種個人的自我訓練，是分分秒秒都在密集操練，一點時間都沒有浪費，完全針對自己的優缺點來強化跟改進，而且不是只有他一個人這樣，很多頂尖的明星球員都是。

那是我第一次的震撼，真正理解到這些頂尖的球員不是像我想像中那樣，漂漂亮亮的出現而已，他們在背後付出的努力是外人無法想像的，連我都不確定我能不能承受那樣的訓練內容，但我很想試試看，因為原來這樣自動自發的自我鍛鍊，才是美式訓練真正的精髓。

我的手肘開過刀，又正在做關節唇復健，所以被侷限了有很多事情不能做，那時候我每天看著海爾頓還有其他的明星球員鍛練，我也一邊想像如果自己那樣練會變成什麼樣子，然後我就一直問自己說我的肩膀到底什麼時候才會好，讓我可以嘗試這些大聯盟頂級選手在做的訓練，我想要在完全健康的時候像他們這樣操練自己，看自己能不能跟上他們，甚至看看自己會有怎麼樣的突破和進步，我完全沒有去想自己如果不能承受的話要怎麼辦。

另一位讓我和郭泓志都印象最深刻的就是聖路易紅雀隊的一位先發投手克里斯．卡本特（Chris Carpenter），我們在球場都看過他自己的訓練，那個分量真的很嚇人，而且那些都是他額外做的，是球隊課表之外他自己增加的。

我和郭泓志都算是很早就會到球場去的球員，第一次就是他叫我看說有一個人在那邊跑步，而且已經跑很久了，那時我們才剛剛開始在伸展，我想說那位球員就是練完球自己增加體能訓練的量、加強長跑而已；結果他跑完幾次全壘打牆來回跑的長距離之後，居然就走上了觀眾席，開始沿著道奇球場觀眾席一層一層的階梯、一格一格的跑，觀眾席的每一個區塊、每一個走道都跑，我第一次看到真的是目瞪口呆，原來他的體能是這樣練出來的，而且完全沒有休息，一直這樣上上下下地跑。

後來我們主場球隊的伸展做完，我們回去休息室沖涼，然後去重量室做重量，沒多久就又看到那位卡本特居然又晃進了重量室，跟我們一起做重量訓練，我想說他身體已經消耗那麼多體力了，怎麼可以不用休息，還可以接著做重量？

那天我看完他完整的訓練內容下來，一項一項都在我腦子裡留下了深刻的印象，我後來就一直在想，同樣是職棒選手，人家是賽揚獎等級的，你以為他只是天賦過人而已，可是就是要你親眼看到他的努力，你才知道真的沒有什麼是僥倖的，他做得比別人都多，所以他離成功就比別人近一些，這樣看下來就又激起了我的動力，就告訴自己說人家都做得到，我也一定要向他看齊，每天要努力再多做一點。

我在復健的時候回想過，這樣嚴苛的個人鍛鍊是不是來自美國人尊重自我個體的文化？團體訓練可以讓整個團隊的能力提升到一定的程度，但是會不會也養成了部分成員的怠惰感？美國人真的很重視他們的棒球，他們有很健全的環境，從小就有對的教練去幫他們安排跟規劃，讓他們從小就學會自己需要更多額外的加強，如果我們臺灣也能有類似這樣的環境，如果我從小就是接受這樣的訓練內容，一直這樣鍛鍊上來，不知道會是什麼樣子？

我們在臺灣，三級棒球的時候練得比美國多，確實是多，但是我們練得不精，常常並不知道自己在練什麼，為什麼練，而且很多時候我們的孩子一直練一直練，練的都是本來就會、本來就已經是優勢的東西；這些原本的優點會越練越強，也很有成就感，但是到了比賽的時候，我們就會看到同樣的情形一直出現，同樣的錯跟失誤一直來，因為我們的弱點一直都在那邊沒有改進，一碰到強的競爭對手，那些弱點就被突顯出來了。

美國人的訓練很重視針對弱點去改進，他們會認清那是自己的弱點，然後努力把優缺點之間的距離拉近，去達成一個平衡；他們強的東西一直都在，還會越練越強，而他們的弱點卻會隨著時間漸漸不那麼弱了，那長久下來他們的那些弱點就不會那麼明顯，慢慢我們就覺得美國人這些選手怎麼越來越強，好像越來越沒有弱點一樣。

在道奇隊之後我經過堪薩斯皇家隊、經過北京奧運，也回到中華職棒打球，周圍環境不斷的變動讓我的身體狀況受到很大的挑戰，我在兄弟象隊時是忍受著手肘和肩膀的緊繃和吃力感，在球隊醫療人員的協助之下才努力投完一整個球季，也在投球局數和三振人數上創下我球員生涯的高峰；但是在球季結束之後，我自己也知道身體已經殘破不堪，一定要再有新的復健訓練，才能再面對下一個球季的挑戰，我開始重新思考該怎麼運用我以前看到過的那些美式訓練。

二〇一〇年初我到美國亞特蘭大接受測試，那時候多倫多藍鳥隊立刻就開了合約邀請我去春訓，但是因為大聯盟派了人正在臺灣了解整個假球案的來龍去脈，我們必須等大聯盟的調查結束才能簽約；後來我回到臺灣，結果就被留下來協助調查了。

在花蓮經營餐廳的那段時間，我的訓練時間沒有固定，只是伸展、跑跑步、做一些維持肌力的訓練，然後偶爾找朋友丟丟球而已，那時候偶爾還會有以後還想再加入球隊的念頭，但是自己也知道機會不大，所以能做到的就是盡量保持自己的體能狀態，不讓自己衰退得太快而已；動過關節唇手術的選手，在重量訓練上有很嚴格的規定，像我從在洛磯隊的復健時期開始，就被規定重量訓練的分量不能過重，所以長久以來我一直都只有使用彈力繩、橡皮筋，或是輕量的啞鈴來做輕度的重訓，做的項目非常多，而且後來效果越來越差。

後來我開始每天排出一整段固定的時間來訓練，在基本的體能訓練之外不斷去嘗試重量訓練這一塊，一開始我的手都會不舒服甚至會痛，有時候我會想辦法堅持下去，硬練，但更多時候是因為實在太痛了而必須停下來休息，等過一陣子不那麼痛了再繼續；在那一段不上不下的時間裡，我知道自己碰到了一個臨界點，因為我不停的在鍛鍊、痠痛、休息、復原、再鍛鍊的這個循環裡打轉，如果我不做出一個突破的話，很可能我永遠都會在那邊循環，直到我的身體開始退化，再也沒有辦法訓練為止。

大部分能試的訓練方式都試了，但我就是卡在重量訓練這一關，人在絕望的時候會出盡各種法寶，那個時候的我也是，在臺灣我已經是被終身禁賽的球員，內心深處其實也想過自己可能再也不會有出國打球的機會，所以那時的念頭就是，我要因為疼痛而接受這些限制，從此不再去碰觸這些上半身的重量訓練，還是我要正面挑戰這些疼痛感，不管我手臂的痠痛，硬把重量再往上提升？不試著練練看怎麼知道那些被禁止的動作有多危險？

我在這裡卡住了可能有幾個月，我知道那是因為我心理上在敷衍自己，總覺得說不定再休息一下，下次練的時候可能就不會這麼痠痛，那我就可以繼續練下去；但是實際上我自己知道，我在迴避的是如果我做了決定要加重槓片的重量，然後我手真的受傷到整個廢掉，我就必須要面對從此再也不能投球的人生。

繼續照原有的方法訓練，可能永遠都不會有突破，冒險把重量提升，可能受更嚴重的傷，從此再也沒有辦法丟球，這種決定到底要怎麼做？

後來不知道是賭氣，還是有點對棒球的自暴自棄，心裡想著說被禁止的動作就一定是不好的嗎?那我就偏要用力做做看,如果做到手肘又拉壞還是肩膀又撕裂傷的話,那我就知道這輩子再也不用想打棒球的事,就心甘情願的繼續去開餐廳好了。

我自己決定豁出去,決定全面解禁,在重量訓練上慢慢增加強度,大概每個禮拜增加一次,我不斷的往上加重量,加到自己覺得無法承受為止,像投手最被禁止做的握推,我做到大概單手啞鈴九十磅左右,其他依靠機器的一些動作,不管是上半身還是下半身,不管是拉還是推,我的重量度幾乎都是做到滿格;在那之後我就一直持續著我的重量訓練,不管是訓練的分量還是重量都必須足夠,因為我自己知道只要一停下來,我的身體就會有一些奇怪的轉變,會讓我投球的能力失控,要花好多天的時間才能再轉回來。

輾轉和道奇隊簽約回到大聯盟以後,有體能教練因為擔心我的手會受傷,曾經和我討論過這個問題,但是我說我也沒有辦法解釋,如果我沒有做到這樣的分量,我在投球的時候就會覺得沒有力量,球速也會投不出來,幾次下來,體能教練和防護員除了注意我的動作正確之外,也只能叫我小心,就讓我自己去做了。

二〇一五年八月的時候我剛剛被道奇隊下放回到三A，剛好遇上王建民到奧克拉荷馬市來比賽，那場比賽他表現得非常好，完封，我們約了一起晚餐，也聊到彼此復健的過程和所有曾經嘗試過的各種方法；我們動的都是肩膀關節唇手術，難免會好奇對方是不是有試過什麼自己沒有試過的，說不定自己也可以拿來試試看。

但是其實很快的，我們就知道對方走的是和自己完全不同的路線，王建民是在球團的完整照顧之下，走的是正統醫學復健的路；他受傷的時候還是球隊的主力投手，在大聯盟也有很棒的成績，所以球團對他加倍保護，由專門的醫療團隊一路照顧他的復健，這是理所當然的；比較起來，我是在回到臺灣、又已經完全退出棒球界之後，才有點像是心血來潮決定要嘗試復出，我的資源有限，老實說對於過往所經歷過的正統復健程序也不是那麼信任，所以才靠著土法煉鋼自己摸索出自己的這一套。

我沒有繼續跟王建民深談復健的細節，因為很明顯的是我們雖然到達了同樣的目的地，最後也成功的回到了大聯盟，但是我們所經歷的是完全不同的路徑；我相信王建民沒有做我這些重量訓練的項目，也沒有做到這麼高的重量，舉例來說，像是伏地挺身，我相信大部分肩膀受過傷的投手都會被告知要避免，但這卻是我的必需。

正統的運動醫療可能會說，這些動作對肩膀帶來很大的壓力，而胸肌的加強也會影響肩膀關節的旋轉，甚至阻礙到揮臂的角度，這些對投手來說都是限制，但是卻很神奇的幫我回到了球場；整體來說，我在肌力上加強了很多，但是犧牲掉的就是柔軟度和身體的延展性，我只能盡量透過按摩和伸展來讓肌肉放鬆，盡量找到平衡。

我從小到大柔軟度和協調性都很不錯，所以從來都沒有花心思在伸展上，但是這次復出因為在重量訓練上特別去加強，我反而也開始注重伸展，每次練球前後都花上最少一個小時來做各種動作，盡量保持住不讓肌肉因為過度鍛鍊而僵硬掉。

經過受傷開刀復健，還有後來體能和技術表現上的起伏，我才慢慢體會到，或許自己也要對這些訓練有一定的了解，了解每一個動作到底是在訓練什麼、會動到哪些肌肉，這樣才能讓自己更確切掌握這些訓練的訣竅；很多時候我們看兩個在訓練的人做著一模一樣的動作，但是其實他們很可能運動到的是完全不一樣的肌肉群，而其中一位很可能完全是做錯的。

年輕或是剛剛開始接受各種專業訓練的時候，我們都需要有教練帶領，有的時候甚至還有醫療人員待命監督，但是或許也是因為這樣，很多時候我們反而會掉以輕心，覺得反正有人在看，我只要照著做就好了，體能教練一個口令，我就一個動作，既然一定是為了我好，那只要有做就一定有效，沒有效果的話我們再調整就好。

我不是體能訓練的專業教練，但是有效的體能訓練是最能夠幫助我維持、甚至提昇我技術層次的方式，也是我後來能夠東山再起再回到大聯盟最重要的關鍵，我盡我所能去學習所有訓練方式背後的道理，因為我理解到唯有當我的腦子和心靈可以打開來，接受也了解了每一個訓練的道理，我才能真正從這些訓練中得到它們應該有的效果。

兩次從美國職棒回到臺灣，我感受到最大的差異，就是我們亞洲訓練習慣開出固定的訓練內容，包山包海全部都幫球員們準備好，球員也會覺得球隊給你的訓練課程是不能改變的，可能一整個星期在分量和質量上都是固定的，並沒有因為選手體能狀況的差異，或是技術面的高低而做出調整，每個人都要先接受這個球隊給的、最基本的套餐，要在這之後才開始讓不同的選手對自己在技術上做一些專精的改進，但分量十分有限。

我並不清楚日本職棒在實際運作上的訓練量到底是多少，我知道的都是閱讀到的，或是聽到棒球界的前輩和朋友們所談論到的，他們的團體訓練量絕對是比我在美國看到和接觸到的多，但是以自主訓練這個領域來說，也就是我提到的針對個人、針對優缺點加強和改善，以及個人技術強化的這個領域，我覺得他們的訓練分量和質量是沒辦法贏美國的。

另一個美國職棒球隊對技術專精密集訓練，就是在球季結束之後，可能會有一整個月針對性的訓練，是專門加強選手缺失的，像過去小聯盟球員的指導聯盟，或是現在比較常見的冬季特訓就屬於這個類型；譬如說如果有一位捕手他傳二壘一整年都傳不準，那可能球季結束後球團會花一整段時間來砍掉重練，用影像和科技去解析這位捕手的每一個動作、去分析傳不準的原因是什麼，去嘗試各種改變和訓練，然後透過反覆的練習來改進這個缺點，這是我親眼看到過的，就是前一年的隊友原本很弱的一個缺點，在經過這樣短時間密集的特訓之後，到了第二年的春訓他回來，這個去年本來很弱的東西，今年已經全部改善了。

在臺灣我比較沒有看到這種針對性地加強改進，也很少看到選手在短時間內有這種明顯的進步，這種在技術面上專精專項的加強的例子在我們臺灣就比較少，就算有，成效也不是那麼明顯；職棒球團不管是秋訓還是冬訓，大家都還是聚在一起練一樣的，結果就是好的選手還是很好，但是那些需要加強的選手卻沒有得到加強的機會，他不好的東西還是一樣繼續不好，二線的三線的選手就永遠都停留在那個位置。

另一個我不曉得大家有沒有注意到的特點，就是臺灣選手到了美國去，不管是在哪個層級，不用花太久時間，大概一年兩年左右回來，我們就會發現他們整個人比以前變壯很多？可能出國前瘦瘦的，但從美國回來以後就變成一身肌肉，整個人很明顯地變大一號，很多人都覺得這是因為美國的飲食和重量訓練，但是我認為這並不是全部的理由。

一位臺灣選手從他到美國球隊的春訓報到開始，他就是處在一個高張力的環境裡，從春訓基地到球季開打之後的球隊，他走到的每一個地方都可以感受到競爭的壓力，那幾乎是一個你想偷懶都沒有辦法偷懶的環境；這種壓力是我們以前在臺灣體會不到、甚至連想像都想像不到的，它會無時無刻提醒你要加強自己、讓自己變更好，因為如果你停在原地不動，你的隊友全部都會往前跑，而那些跟不上的、偷懶的，你可能明天就看不到他們了。

在美國，如果你想要讓自己更好更強，第一步就是加強自己的力量，那你很快就會學會要認真做重量訓練，接下來你就會知道要注意自己的飲食，然後是要調整自己的作息；一步一步不知不覺的，你的生活節奏就會越來越簡單，那些球場外的雜務都會被排除，而你每天做的每一件事都只有一個目標，就是讓你自己更專注、更強大，因為只有這樣子，你才能在這個環境生存下來。

當你在一個美國的職棒球隊裡，你永遠都會看到身邊有比你強的隊友，而且他可能比你還要努力，所以你會一直強迫自己跟上他的腳步，不想要輸給他，甚至你還會想要逼自己超過他，而這就是旅外球員會在短時間裡不斷進步的原因，因為環繞在你周圍的全都是競爭對手，這競爭實在太激烈了。

有一個隊友在退休前曾經這樣跟我形容他的職棒生涯，他說他覺得就像是不停有人在把他的頭往水裡按，讓他喘不過氣來，所以他就要想盡辦法把頭頂出水面呼吸；但是每次好不容易換了一口氣，他就會馬上又被下一個挑戰給按進水裡去，只能拚死命努力掙脫，努力把頭探出水面不被淹死。

我覺得這個形容很貼切。

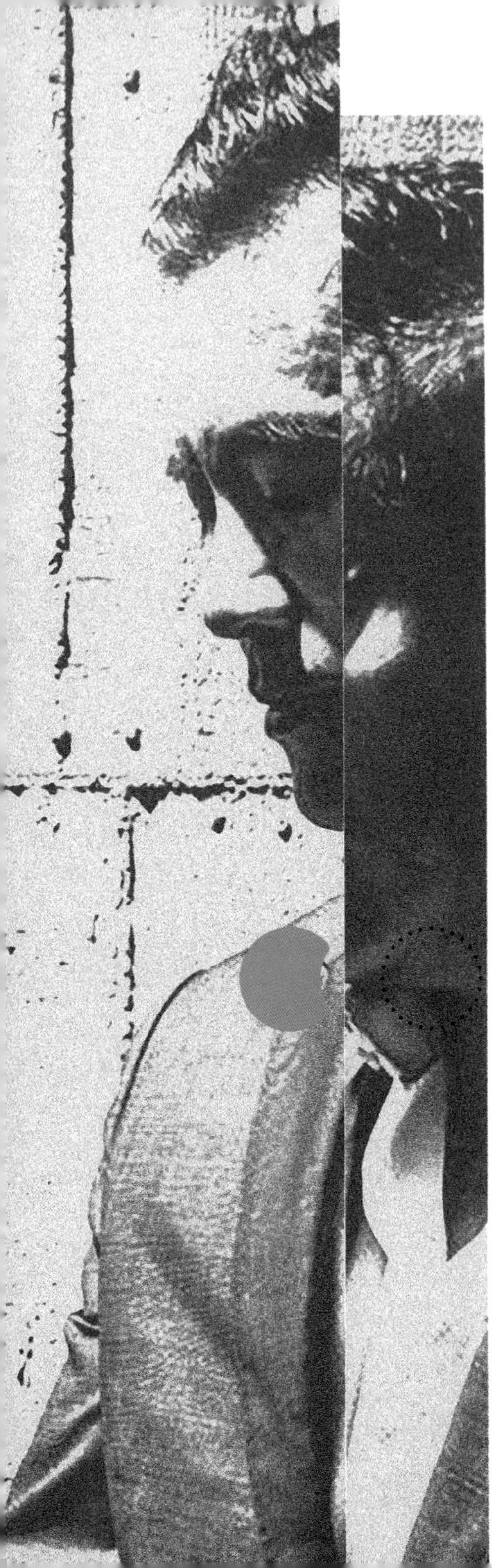

食甚

第二部

CHAPTER. 4

那一年

北京奧運結束之後，我有比較多的時間去思考自己的未來，我覺得我還年輕，雖然受過大傷，但是如果自己注意好訓練和調整，注意一下出賽的方式，我還是有信心可以繼續比賽；在經過思考之後，我覺得美國職棒比賽的強度已經超出我可以承受的範圍，所以我開始考慮是不是要回到亞洲來找機會，也請經紀公司幫我留意。

這個念頭其實在我第一次離開洛杉磯道奇隊，加入堪薩斯皇家隊之前，就已經有請當時的經紀公司幫我研究，看是不是有機會能轉到日本或是韓國去投球，換到一個不同的環境，到一個不是那麼高張力高強度的聯盟去貢獻我的能力；那時我們進行了一陣子，目標是放在我一直都很想嘗試的日本職棒，也確實有一些球隊表現出興趣，但是幾次聯繫之後都一直等不到正式的合約，反而是皇家隊的合約先來，所以我們才決定繼續留在美國。

二〇〇八年在皇家隊的經驗並不理想，也因此北京奧運結束之後我算是真正嚴肅考慮要回到亞洲打球，但是我也可以了解，如果二〇〇七年我離開道奇隊時的資歷，都不能拿到日本或是韓國球隊的合約，那以我北京奧運之後的那種狀態，難度一定更高，所以從中華職棒跟我接觸沒有多久，我和經紀公司就決定回來臺灣打球；我們旅外球員大多有一個認知，就是總有一天我們要回來臺灣貢獻我們的心力，不管是打球還是教球，只要能分享我們在國外學到的那些知識，我們就該盡我們的力量幫臺灣的棒球環境更進步。

我知道如果我加入中華職棒，依我過去在道奇隊的表現，還有在奧運時被安排的角色，球隊都會將我擺在牛棚，固定擔任終結者這個角色，但是我自己知道，不管是肩膀或是手肘，如果我能有一個固定出賽的頻率做調整，以臺灣的球季長度和賽程安排，我絕對可以承受擔任先發投手這個角色；所以我和經紀公司都覺得最好先和球隊做一些初步的溝通，讓他們知道我的狀況，也討論一下我的出賽方式，如果能確定一個星期固定先發一場比賽，這樣我就會有足夠的時間做準備，讓我的手臂每星期都恢復到最佳狀態。

我們先連絡了選秀第一順位的興農牛隊，興農集團的楊天發總裁特別邀請我見面，他是一位很溫和的老先生，對美國職棒的環境也很了解，以興農牛隊過去長期和道奇隊合作的經驗，我覺得或許這會是一個很好的機會，加入興農牛隊也會是一個很好的選擇；但是楊總裁很明白的告訴我說球隊已經規劃了其他的人選，在選秀會上不會選擇我，他也建議我直接去拜訪兄弟隊的洪瑞河老闆，所以後來在選秀前我們就一直是跟兄弟象隊談了。

選秀前其實兄弟象隊的態度是很模稜兩可的，我蠻確定他們會選我，但是也知道他們對我的傷勢有嚴重的疑慮，所以我們只是初步討論了一些薪資方面的想法，但是對於我的角色定位還有出賽的頻率，他們都不願意承諾，只是一直告訴我說等到選後談合約時再談，或是說教練團會有他們的規劃，這些都是當時讓我有一點遲疑的地方，我才會一直拖到幾乎是最後關頭，才決定參加中華職棒的選秀。

這麼多年來，也有人問過我說，以我曾經是大聯盟投手的資歷，卻被選秀第一指名的球隊放掉沒有選，會不會覺得有什麼遺憾？其實在當時我對自己的未來有很強烈的不確定感，我知道我一定還有足夠的實力可以表現，也很想為臺灣的棒球界盡一份力，但是畢竟我已經一年多沒有交出穩定的出賽表現，在北京奧運的表現也未必符合國人的期待，所以就算中職選秀第一指名的興農牛隊對我有所保留，也是有他們的道理。

第一輪選秀是非常高額的投資，任何一支球隊都必須對選擇的對象做出很謹慎的評估，會有疑慮是正常的，即使是選秀之後兄弟象隊和我談合約的時候也是一樣；在薪資上經紀公司當然會努力幫我爭取，但是兄弟象隊的態度也很明確，就是我的月薪絕對不能超過球隊上另外一位明星球員的數字，其他都可以談。

在這方面我是吃虧的，因為中華職棒規定旅外回歸的選手沒有簽約金，我以為球隊在月薪的空間上會比較大一點，稍微做一點簽約金上的補償，但是兄弟象隊從一開始就很清楚的展現出一個態度，就是我的薪資會有一個上限，而且不管經紀公司怎麼去設計各種不同的合約結構或是激勵獎金，我的薪資不管在平均或是總值上都不能是球隊上的最高薪，這是他們的規矩。

我知道他們一定是對我的健康狀況有很強烈的疑慮，對他們來說，他們沒辦法確定我到底能不能投，或是可以投多久、能投出什麼樣的表現，這些都是未知數，但是對於他們連激勵獎金的額度都壓得那麼低，不願意讓我用自己的努力去爭取，這就讓我比較失望一點；那個時候我處在人生的最低點，第一指名的球隊對我有疑慮不敢選我，第二指名的球隊選了我，卻因為對我的疑慮而找盡藉口不肯在激勵獎金上面有點空間，這些對我來說都是打擊，雖然我可以理解，但是失望是免不了的。

後來的決定就是經紀公司盡力就好，我自己知道有一個底線，他們決定開出多少薪資我們都接受，剩下的就不再堅持，角色這方面也讓教練團去評估，只是盡量轉達我希望能固定先發的這個想法；沒有人知道一個手臂和肩膀都開過刀的投手還能投多久，但是如果能盡量固定、盡量簡化我的比賽頻率，我相信自己可以負擔先發這個角色，而我也絕對可以在每次上場時都全力表現，盡力把自己最好的一面展現出來，投到不能再投球為止。

確定簽約之後，下一步就是跟教練團的溝通了，這件事在一開始就遇上了阻礙，讓我和經紀公司都不禁懷疑，是不是之前我們向球團提出的那些意見，都沒有被傳達給教練團知道？教練團一開始就很明確的表示，他們的規劃一直就是希望要我要接下終結者的位置，如果我真的想要先發的話，他們就會把我放在二軍，要我證明給他們看我可以固定先發了，他們才願意考慮。

我記得在兩次奧運的時候我都想要改變日本隊對我的印象，剛剛加入道奇隊的時候，我也會想要證明給科羅拉多洛磯隊看說他們是錯的，我還是有足夠的實力在大聯盟討生活；但是回到中華職棒以後，我已經沒有那種想要表現給誰看的想法，也不會因為興農牛隊沒有選擇我，就特別想要去針對他們怎麼樣，那時候對我來說最重要的，就是我想要證明在這麼多年以後我還可以當一個稱職的先發投手，可以幫球隊吃這些局數。

郭泓志講過的一段話我一直記得，就是像我們這樣的選手在經過長期的受傷和復健之後，真的不知道哪一球投出去，會不會又聽到「啪」的一聲，然後球員生涯就這樣結束了；我知道自己的球員生涯已經到了下半場，我能做到的就是把握每一次上場的機會全力以赴，然後享受比賽，盡情的把我想要展現的那些情緒都毫不壓抑的在球場上展現出來，興農牛隊放過我會不會後悔，或是其他人要怎麼看待我，對我來說都已經不是那麼重要。

於是我和教練團就決定以從二軍出發的方式，來開始我在中華職棒的第一個球季，我很感謝兄弟象隊教練團願意接受我的意見，給我嘗試先發的機會，我相信後來我在二軍的表現也沒有讓他們失望，所以在升上一軍之後球團就同意讓我固定在星期六先發；這樣子的出賽頻率不但讓我在治療和訓練的時間安排上有一個固定的規律，也讓我的手臂有足夠的時間恢復，每個星期六都能以最佳狀態面對比賽。

在美國擔任牛棚投手的時候，我的主要武器一直都是直球和滑球，曲球和變速球雖然都會，但是在比賽中使用的次數比較少；回來臺灣之後因為轉任先發，投球的局數增加了，所以我的球路也必須多一點變化，曲球也就投得稍微多了些，我另外還增加了一顆二縫線快速球，反而是變速球被放棄了。

當時和我搭配的捕手是郭一峰，對我來說他非常好溝通，很多事我們都可以很快達成共識，雖然在配球上是我主導比較多，但是郭一峰對於臺灣的打者當然比較熟悉，所以他會給我許多提點，而我主要會表達的則是我當天身體的狀況，讓他知道要根據我的狀況還有打者的習性來調整他的配球；這可能是我跟臺灣投手比較不一樣的地方，我在比賽當天身體的狀況跟心裡的感覺很重要，很多時候在策略上都必須要臨場做出一些調整，而我們投捕之間的默契就是這樣養成的。

二〇〇九年四月二十五日星期六，那是我在中華職棒的第一場先發比賽，對手很巧的就是是曾經有機會在選秀會上選擇我的興農牛隊。

在高中畢業離開臺灣之後，我就一直期待著會有這麼一天，我可以在臺灣的球場投球給臺灣的球迷們看，只是不知道什麼時候才能有這樣的機會，後來終於跟兄弟象隊簽約，也確定可以得到先發的機會，我就一直期待著我的第一場一軍先發，那天我的心情一直是非常激動的。

站上投手丘的時候，全場觀眾的鼓譟聲和加油聲，幾乎讓我有點頭皮發麻，我覺得彷彿全身都感覺得到周圍有一種電流在移動，而我人就像浮在半空中一樣；這種熱情真的是很讓人感動，因為不管是兩次在國外的奧運或是我在大聯盟的比賽，都沒有這種熱情，而這就是我們回到故鄉打球最期待的感覺，這種熱情最實際的影響就是會讓我超越原本所預計的負荷量，比賽時大家持續不斷的加油聲和掌聲，讓我忍不住不停告訴自己說我還可以再投一局，再投一局。

原本教練團給我的限制就是六十球而已，但是因為情緒比較亢奮，我大概到第三局還是第四局就已經到達了球數的限制，並沒有盡到先發投手該有的責任，以當時現場的那種氣氛跟熱情，我很難去跟教練說我不能再繼續、要休息了；為了回報大家的熱情，我很想要投到真的投不動為止，完全沒有去考慮會不會有什麼傷害，所以我就又投了一局，然後又是一局，一直投到六局投完，不知道總共投了多少球。

那一場比賽不管是現場的氣氛、球迷的吶喊，還有實際比賽的過程，都比我想像中還要美好太多太多了，那一個時刻的完整，對我來說就是一種無法形容的感動；我在美國那麼多年，已經習慣美國球迷那種好像隔了一段距離的加油方式，很久沒有體驗到臺灣這種熱鬧的比賽氣氛，最後一次是一九九九年，那時我還是個高中生。

長久的期待終於得到實現，所以我最後真的是壓抑不住情緒，在關鍵時刻很興奮的大聲喊了一聲「Come On」，那就是一個爆發，是我發自內心的一種直接反應，不過第六局投完下來，我就知道自己的手臂真的已經沒力了，幾乎是連舉都舉不起來；後來一整年每一場比賽都是這樣，現場球迷的熱情會讓我亢奮起來，然後幾乎每一場比賽都會投出比預期還要更多的工作量，一次又一次挑戰自己的極限。

二〇〇九年的回台初登板，那滿場的氣氛與歡呼，使我既感動又亢奮，那一聲「Come On」的怒吼，也使我暫時忘記了疲累與傷痛。

回來臺灣之前，或是剛回來臺灣的時候，我就聽說很多國內的球迷都認為中華職棒大概有二A甚至三A的水準，他們說的並沒有不對，有些選手確實是有那樣的能力，臺灣絕對有可以打二A三A的球員，但是這個聯盟如果以平均值來說，是沒有那個強度的。

我有很長一段時間在三A這個層級比賽，以競爭對手的強度來說，中華職棒整體上給我的壓力沒有那麼大，對我的手臂來說也是一件好事；一場比賽下來，我需要特別發揮全力去對付的打者可能只有幾位而已，需要應付的緊張狀況，也不會像在美國時有那麼強大的張力，我想這些都讓我在臺灣很快就安定下來。

剛回到中華職棒時，潘威倫的先發我一定會看，因為我知道他比我更了解中華職棒的打者，雖然當時他已經不再是一位靠球速取勝的投手，但是他投球時所展現出的智慧，還有他掌控比賽場面的能力，仍然讓我相信他是這個聯盟最優秀的投手之一，看他投球才能了解什麼叫做有頭腦在投球，而不只是用身體在丟球而已；我都是看他怎麼去對付聯盟裡的這些打者、怎麼測試他們的習性、怎麼去引誘他們，然後怎麼去解決他們，這些資訊都是我最好的參考，讓我可以得到啟發，然後消化吸收變成我自己的東西。

在中華職棒一場比賽中，真正有實力能對我擊出長打、在攻擊上能威脅到兄弟象隊的打者通常都只有固定幾位，這樣在策略上我們就不會那麼保守，反而會更加大膽去攻擊好球帶，放手讓打者去打，直到他們證明能做出反擊為止，這樣的策略在配球上就會比較積極簡單，投球數也可以壓低不少；我必須要強調，不管是在當時還是現在，我從來都沒有輕視過中華職棒，只是當時對比起我原本習慣的美國職棒，在競爭強度和比賽張力上，中華職棒沒有美國職棒那麼高。

回想起在中華職棒的那一年，對我來說最頭痛的打者真的就是陳金鋒，他是臺灣棒球史上最偉大的打者，即使從美國職棒退下來回到臺灣，對投手的威脅性仍然非常大，他是最讓我擔心會遭到重擊、會對球隊造成重傷害的一位打者，我一定會特別注意他；但更重要的是我非常享受每一次跟他的對決，因為每一次都是我檢視自己實力最好的機會。

每一次對決陳金鋒的時候，不開玩笑，從他走向打擊區開始，我全身的細胞就會開始有那種沸騰的感覺，我可以感覺到全身血液流動得特別快，然後每一球一投出手就會有那種慢動作的感覺，好像周圍整個都安靜了下來，連我都想看他會怎麼打這一球；除了陳金鋒之外，另外還有幾位打者也曾經帶給我接近的感覺，但是陳金鋒絕對是最強的，另外還有一位最接近陳金鋒的，他是我隊友。

二〇〇九年我在兄弟象隊先發了十九場，投了快一百局，這是在我升上大聯盟之後都沒有過的工作量，我沒有投過那麼多局、沒有投過那麼多球，也沒有投過那麼多三振，只有在一開始進入小聯盟的時候有過；對我來說最大的成就感並不是這些成績數字，或是大家把我當成是球隊的明星球員，而是我真的做到了、我真的投了這麼多局、真的實現了我在球季前給教練團和球團的承諾，成功的扛起了這個固定先發的角色。

球季開始的時候我就知道這會是一個再艱鉅不過的挑戰，我甚至自己都不敢有把握說我一定能夠沒有一點傷痛就把一整個球季都投完，我記得在上半季時，我的手肘偶爾會有點不舒服，肩膀關節唇的部位也偶爾會有點緊繃和吃力的感覺，球隊就會幫我安排治療和復健；後來是一直到了上半季結束，中間有一段休息的時間，讓我的手臂得到完整的休息，也讓我緊繃的情緒和心態有了一個喘息的機會，可以在下半季重開機，重新面對一個新的下半賽季挑戰，這對當時的我來說幫助很大。

在確定了每個周末先發的這個頻率之後，我每天的訓練和治療課表都可以固定下來，所以我整體作息都變得很規律，休息和空閒的時間也很固定，可以讓自己有一些社交的機會，我一直都是一個比較活潑外向的人，對於交朋友這件事也抱持著比較大方的態度，沒有給自己太多的限制；當時我剛剛從美國回來，除了以前的同學和一些一起打過球的前隊友之外，我並沒有太多的朋友，所以我對於一些社交活動的邀約都不排斥，都會盡量配合參加，想多認識一些朋友。

當時中華職棒正在從上一次的假球案風波中恢復，我知道有許多球員都非常小心，不跟不熟識的人見面吃飯，隊友之間也會互相提醒，要注意身邊不熟識的人，但是我並不清楚事情的嚴重性；同時我也覺得自己身為一位旅外回國的臺灣球員，在中華職棒比較低迷的這個時候，我有責任要盡量滿足球迷的需求，讓球迷重新再接受中華職棒，所以我對於這些邀約都樂意接受，也願意花時間和這些球迷和他們的朋友相處。

有時候會有一些已經退役的球員來參加這些餐敘聚會，他們會帶著其他的親友們來聚會，一個拉一個，什麼樣的人都有，我很快就感覺到有些人可能有一些不同的目的，並不是真的只是大家一起吃飯而已；但是我的想法很簡單，就跟我一直以來在美國所遵守的原則一樣，只要我不去配合，實際上不去做對不起棒球的事，那就沒有什麼能夠影響我，這是我自己心目中的認知，我也完全沒有想到外界對這樣的聚會活動會有什麼負面的觀感。

現在回頭想想，我當時的想法確實是單純了一點，也沒有想到後來這些事情會被大家看得這麼嚴重，在我心目中，我認為那些都是簡單的社交聚會，對於一些朋友的朋友我也不不會抱持什麼太大的疑慮，大家一起吃吃飯、唱ＫＴＶ、就算去酒店消費也沒有什麼關係；如果有人對我說了些什麼奇怪的話，要求我配合做什麼不道德的事，只要我不答應、沒有配合去做犯法的事，外面的人要怎麼看我，實在不是我可以控制的。

在這些聚會場合裡，有時候企圖牽線的退役球員會直接帶著一整個提袋的現金擺在那邊，然後暗示我說如果我願意配合的話，錢就可以直接拿走；但是每一次不管他們是用暗示的還是直接明說，我都會明確告訴他們我沒有意願，也不會配合去做這樣的事。

我嚴詞拒絕過，也告訴過他們不要再提這樣的事，但是他們當然沒有那麼容易放棄，所以常常在聚會的時候、酒酣耳熱之際會再提起說，是不是能怎麼幫個忙、配合一下；我曾經聽說過以前職棒假球案有許多暴力威脅的例子，或是教練和選手被帶去旅館房間，桌上直接擺著刀擺著槍的情形，所以有時候為了避免場面變得太僵，我會不置可否、打哈哈帶過去，但是有時候還是必須直接拒絕。

我當然知道這些透過關係和我接觸到的都是些犯罪團體，但是在當時以我的理解和想像，他們算是很溫和的勸說，或是鼓勵你能配合他們做一些事，雖然我有時嚴詞拒絕了，他們也並沒有用任何暴力的方式來強迫我配合；或許也是因為這樣，才讓我在一開始的時候沒有什麼防備，只是把他們當成一起吃飯喝酒的朋友而已，如果一開始他們就來硬的甚至動用到暴力的方式，我一定馬上就被嚇跑了，不會再有後續的這些相處。

這些聚會一直到球季下半季都有持續，他們一直沒有放棄希望我能配合，但是幾次下來他們沒有辦法說服我，後來慢慢就不找我了，我不曉得他們是不是去找了別人，但是一直到球季結束整件事情爆發，我才知道這件事鬧得這麼大；現在這樣子說有點後知後覺，但是如果當時知道有這樣的嚴重性，我當然就會盡量避免這樣的聚會，不會再去跟這些人打交道。

我喜歡交朋友，也從不介意去認識各個階層的人，我覺得朋友交往就是有來有往，這是最基本的社交禮儀，所以即使是我知道這些人可能背景不是那麼單純，我還是會保持著合理的社交互動；我沒有接觸過那些幕後所謂的老大或是金主，但是對於這些中間聯繫的人，我還是把他們當成朋友，有時候吃飯喝酒會由我回請，不起訴書寫我佔盡便宜又吃又拿、還答應過要打假球，這些都不是事實。

不起訴書中說到有一場比賽是他們確切指定過的，希望我能夠配合做一些事，但是卻沒有寫到說我確實曾經有很明白的說我不可能會配合，而當那場比賽正在進行的時候，我在球場上感受到的壓力卻是沒有人可以理解的；我不知道除了我之外，是不是還有其他的人被收買了要配合演出，我也不知道如果因為我沒有配合，而讓他們無法達到想要的比賽結果，在比賽結束之後我會不會有什麼危險？這些都沒有人知道，也沒有人可以保證。

在那次比賽之後我擔心了很久，因為從小到大關於假球案的暴力事件我們都聽說過太多，有一段時間我甚至不敢單獨出門，盡量都自己一個人待在家裡；後來我輾轉問了中間聯繫的人，那場比賽我沒有配合，會不會惹上什麼麻煩，他們才告訴我，這位幕後的人士並不屬於那種暴力的類型，所以我應該會是安全的，我才稍微放心了一點。

不起訴書裡寫了很多細節，我不會說那些事情都沒有發生，因為法律上的事情是不可能憑空捏造出來的，但是有些關於我的細節卻被忽略掉了，像是不起訴書裡隻字未提我曾經明確拒絕了犯罪集團的要求，而寫出來的那些東西，也可能是為了某種目的，而用了比較有誤導性的陳述方式，這讓我雖然沒被起訴，卻在許多人的眼中成了一個罪犯，這是對我最大的傷害。

我承認我在交友上的不小心，在行為上的不謹慎，連帶造成了對兄弟象隊球迷以及對中華職棒的重大傷害，這一點我一再道歉，也願意以日後的作為來努力做出彌補，但是不管不起訴書裡寫了什麼，或是當時書寫的人有什麼專業上的目的，事實就是我沒有違背我的良心，也沒有做出任何對不起棒球的事，這是我必須堅持的立場。

很多人要講道德，認為我做了不符合社會道德的事，那我沒有辦法辯駁，因為我確實在這一方面沒有切割好，也讓人有了話柄，這是我的疏失，我也會繼續檢討，但是有很多人言之鑿鑿的說，事實就是怎樣怎樣，說得好像他們都在事情發生的現場一樣，這樣的態度難道就是對的？

棒球給了我一切，我也願意為棒球付出一切，而事實就是我什麼都沒做，也沒有對不起棒球，如果有任何一點讓人懷疑的地方，後來我也不可能再回到美國職棒去打球；以美國職棒對簽賭和假球的零容忍度，如果我真的是部分臺灣球迷眼中口中所謂的「黑人」，美國職棒怎麼可能會接受我再回去那個環境？

我不需要每個人都喜歡我，我也不要求每個人去理解、甚至原諒我的作為，在許多人眼中，上酒店、叫小姐，或是講一些五四三亂七八糟的話，可能真的就是十惡不赦的大罪，如果是那樣的話，那很抱歉，我不是你們想像中那種聖潔無瑕的職棒球員。

但是我沒有對不起棒球，在球場上和對手拚盡全力的對決，是我從小到大一路走來的堅持，也是我棒球生命中最神聖的信仰；在我心目中，那一段六十英呎又六英吋的距離，是不容許有任何陰影的。

CHAPTER. 5

放下與迷途

二〇一〇年二月我確定不被起訴之後，就希望還能回到球場，我知道以中華職棒永不錄用的默契，我不可能再在臺灣打球，所以目標當然就是放在海外；經紀人張嘉元很快就幫我安排了一次在美國的測試，讓我在六月飛到亞特蘭大去投給大聯盟的球探看。

認識張嘉元的時候我才高一，十六歲，是在一九九七年在加拿大蒙克頓的世界青棒錦標賽，他是中華隊的隨隊翻譯，我只知道他是在美國長大的華僑，比我們大幾歲而已，我們都直接叫他Alan；第二次見到他是高三的時候，一九九九年在臺灣的世界青棒錦標賽，那一次他是美國隊的隨隊翻譯，跟著一起到臺灣來，我們沒有什麼機會見到面，就是有打招呼閒聊一下而已。

後來我到美國去發展，二〇〇一年手肘開刀的時候他有專程來看我，他告訴我說他已經拿到法律學位，現在是運動經紀人了，如果我有興趣的話，他希望可以幫我服務；當時我跟臺灣的那魯灣還有合約，也不希望在復健的過程中突然轉換經紀公司，所以我只是跟他說，也許等以後有機會再談好了。

輾轉經過幾年在美國的發展，也因為一些不如意而轉換過幾家不同的經紀公司，我知道張嘉元幫助了很多旅美的臺灣球員，是非常好的運動經紀人；但是想不到在我離開兄弟象隊、人生最失意的時候，他仍然願意伸出援手，以經紀人的身份幫我與球團聯絡，幫我尋找打球的機會。

非正式的測試會辦在一個很簡單的公園球場，不過也安排了打者和野手，有點像是模擬比賽的樣子；來參加的都是些選秀沒有被選上的年輕球員，只有我是一個國外來的資深老人，現場很多球探都覺得奇怪我怎麼會在那裏。

兄弟象隊的球季結束之後，我的手臂就一直很不舒服，只有在確定要出國接受測試之後，我才開始稍微正式的訓練了一段時間；測試當天球探說我的球速最快有投到九十五英里左右，多倫多藍鳥隊的球探當場就決定要簽約讓我去三A待命，但是後來合約送到大聯盟的時候就被壓住了。

大聯盟總部告訴球隊說他們在進行身份查核的時候發現我在臺灣被永久禁賽，所以聯盟必須花時間去調查我的身份問題，才能決定美國球隊能不能和我簽約，而在調查結果還沒有出來之前，球隊和我都只能暫時等待；我們都不知道調查會進行多久，所以張嘉元建議我先加入德州的獨立聯盟球隊來維持我的體能狀態，獨立聯盟立刻就同意幫我辦理工作簽證。

但是這一等就等到了九月，棒球季已經接近尾聲，我們都知道今年是不可能再加入任何球隊了，我從洛杉磯飛回臺灣，人一到機場就被帶到法院去，我才知道原來我在美國的這段期間，法院一直有傳喚我去做中華職棒假球案的證人，但我因為人在國外才沒有收到通知；等到所有的事情處理完，球季都已經結束了，我就決定留在臺灣了。

張嘉元一直鼓勵我，說只要等到大聯盟的調查結束，確定了我沒有因為假球案被起訴，這次回臺灣也只是以證人的身份協助調查，我就可以再找機會接受測試，說不定很快就會有機會可以參加春訓，重新回到美國職棒；但是一直到二〇一〇年底大聯盟都還沒有任何通知，我就覺得自己不能繼續這樣傻傻的等，我跟朋友聊到說，人生不能這樣虛耗下去，我們是不是該試試有什麼其他的事業可以努力一下。

我們在球員時期就蠻喜歡吃燒烤的，因為大家可以在一起吃吃喝喝、聊聊天，而且營業時間比較晚，可以盡情享受那種很輕鬆的料理方式和用餐環境；聊著聊著我們就決定既然是人生第一次轉換事業領域，那就不如選一個自己有興趣的事業來挑戰一下，所以就有了開燒烤餐廳的念頭。

我從來沒有餐飲業的經驗，從小到大最多就是在泡沫紅茶店或小吃店和熟悉的店員聊聊他們工作的內容，如果說要真正下手去經營，我是完全不懂的；我和陳致遠夫妻合作，他們和我一樣沒有經驗，但是因為剛好有一位經營連鎖燒烤餐廳的老闆願意給我們一些技術指導，也提點我們一些關於內場備料和行政事務的幕後運作，所以我們就過去跟那位老闆學習，他是我們進入這個領域的推手，我很感謝他。

在那一陣子為了實際了解這個市場，我們不停的去很多家不同的燒烤餐廳用餐，去觀察跟了解每一家餐廳不同的運作方式，也去注意什麼樣的料理口味正在流行，還有什麼樣的服務互動會吸引客人，這些對於我們三個門外漢來說，真的是大開眼界。

我是個很喜歡料理跟烤肉的人，也對自己的廚藝很有信心，所以在學習烹飪這方面我可以很快上手，但是要拿來開餐廳招待客人的專業料理，畢竟跟自己在家烤肉是不一樣的；餐廳提供給客人的東西必須要有足夠的品質，而且更重要的是必須要保持在固定的水準，不能時好時壞，這就需要靠不停的練習來維持，這一點和打球其實也蠻像的。

我比較陌生的當然是專業廚房的一些運作流程，以及內場管理的行政事務，像我們是以炭火來做料理的，所以最危險的第一步就是出炭這個步驟，實際學習才知道，從升火到幫客人準備好炭爐，這中間有很多技巧在；這些對我來說是屬於一個完全不一樣的領域，也是我一開始就花了比較多時間的地方。

我們選擇在花蓮開業，在剛開幕的時候那位老闆朋友還專程跑到店裡來幫忙，不斷提醒我要注意的各種細節，幫我們把一切都推上軌道，也讓餐廳開幕營業之後的整個流程更加順暢；我們也被提醒在料理技巧熟練之後，燒烤的姿態和手勢都可以再花俏一點，讓客人有一點在看表演的感覺，這些對我們的幫助都非常大，也讓我們很快就站穩了腳步。

引領我們入行的那位老闆認為，以我們團隊成員的個性，我們可以在桌邊幫客人料理，同時也陪客人聊天互動，而不只是單純提供食材讓客人自己燒烤而已，這在當時是比較少有的一種服務方式；我本來就喜歡認識新朋友，即使是陌生人也可以聊天，這樣的營業方式聽起來很有趣，所以我們就決定接受了這個建議。

但是等到真正要為完全陌生的客人服務，我還是花了一點時間調整，畢竟以前在當選手比賽的時候，雖然也是直接在觀眾面前演出，但還是有一個區隔，我們是在球場上，而觀眾是在座位區，並沒有這樣直接的互動；而現在我必須和站在完全陌生的客人面前，一邊要料理出能讓客人滿意的餐點，一邊還要和他們聊天互動，讓他有輕鬆愉快的用餐體驗，這對我來說就確實有點挑戰性。

一開始的手忙腳亂是免不了的，但是在決定要開餐廳之前，我就告訴自己，要投入這個完全陌生的事業、要面對這種完全不一樣的謀生方式，我就不能再把自己當成是一個棒球選手或是名人，所有曹錦輝的過去我都必須拋下，因為在餐飲業的這個領域裡，曹錦輝這三個字就是一個最嫩最嫩的門外漢，如果我想要把燒烤餐廳老闆的角色扮演好，就只能從零開始，那就是我的心態。

我沒有特別去想過會不會有球迷專程來光顧，或是有討厭我的人來罵我，棒球這個圈子其實很小，而我開餐廳做生意要去面對的是真正的世界，很有可能我們開門營業一整天下來，進來的客人根本都不看棒球，也認不出任何球員；我們開的是餐廳，不是棒球迷的聚會館，也沒有打算利用我們棒球員的身份來吸引球迷消費，我們只是單純轉換生涯領域而已。

如果真的有喜歡我的球迷跑來，我想我會很開心，如果有不喜歡我、討厭我的人要專程跑來，要當面跟我討論什麼的話，我也願意講給他聽，因為上門消費就是客人，我們就是要服務你，你要聊棒球我絕對也願意跟你聊，或是回答你的問題，不過在那段時間真的都沒有碰到什麼因為兄弟象事件而態度不好的客人，大部分來餐廳的客人都很開心，享受一個很愉悅的用餐時光，然後滿足的離開。

後來餐廳經營慢慢穩定下來，差不多是二〇一一年春訓結束之後，張嘉元告訴我說大聯盟的調查已經有了結果，我的身份問題得到釐清，已經可以跟球隊簽約了，他說已經有球隊在詢問我的狀況，如果我想再去美國挑戰的話，一定會有測試的機會；但是那時我已經在餐廳投資了很多資源和精力，一切也算是都上了軌道，真的是沒有理由突然放棄，所以我就跟經紀人說不需要了，我想要專心在這個新的事業上，棒球已經是過去式了。

我從前一年回臺灣以後就開始籌備餐廳，已經把所有的鍛鍊都放了下來，我對人生已經做出了不一樣的規劃，我不認為我還會再打棒球，所以這些調查的結果，或是中職要不要繼續封殺我，對我來說都已經不再重要；我沒有特別去提到有大聯盟的球隊在接觸我，也沒有告訴別人大聯盟確認了我的自由球員身份沒有問題，因為我真的覺得我已經是一個燒烤餐廳的老闆，我只想要專心把這件事情給做好。

我從一開始就認清經營餐廳是一個服務業，而我的責任就是服務客人、幫他們料理、讓他們享受我們的餐點和服務，每一次我也都是以「自己希望被怎麼服務」的心態來招接我的客人；我不希望他們離開的時候只知道這是曹錦輝開的餐廳，除了這個之外什麼都不記得，也沒有什麼優點可以讓他們與別人分享，如果是這樣的話，我就會覺得我的餐廳很失敗，這是我不能接受的事。

唯一一次我印象中比較不愉快的經驗，就是在餐廳剛剛開幕沒多久的時候，有一位客人比他訂位的時間早到很多，他很沒有耐性的一直催促我們的服務人員，希望能提早入座；因為他的態度不是很好，聲音也有一點大，我就到外場來親自跟他解釋說餐廳客滿，他的訂位時間也還沒到，請他先到外面去稍候，不要在現場影響到我們正在進餐的客人。

不曉得是他那天心情不好還是怎麼了，他反而聲音更大，而且還一直在現場干擾我們的服務，所以只有在那一次我有一點動了脾氣，我盡量克制的跟他說，如果他不願意到外面去等候、或是待會再回來的話，那我會直接取消他的訂位，把他的座位讓給在現場排隊的客人，後來他才停止騷擾我的員工。

一段時間下來，我慢慢就發現其實有很多跟職棒球隊類似的地方，譬如說幕後食材的進貨跟整理、員工的管理、經營方向的評估等等，這些都是客人看不到的一面，他們看到的餐廳就是乾乾淨淨、食材也整整齊齊的一個用餐環境；職棒比賽也是一樣，我們平常的訓練跟比賽開始前的那些準備，都是球迷觀眾看不到的，他們進到球場就只看到我們在比賽，跟客人進來餐廳就只是來吃烤肉一樣，而不管是職棒球員還是餐廳員工，我們都要在球迷和客人面前好好表現，不能讓他們失望。

打棒球的時侯，我們比賽的球場就像是一個舞台，我們都在展現自己，但是我們和那些觀眾是分開來的，就算有什麼加油之類的互動，也都是間接的，你也不知道他們用什麼眼光看你；但是經營餐廳不一樣，客人吃的是你親手準備的食材，而且你當場就可以看到他們的反應，很多時候他們甚至會用最直接的方式告訴你好還是不好，這是打棒球和開餐廳最不一樣的地方。

雖然大部分的客人在用餐結束前都會自己發現，或是有其他人告訴他們我是誰，但是我有沒有打過大聯盟，對於我服務客人的能力是完全沒有任何幫助的，所以最讓我開心的，是那種完全沒有認出我是誰、甚至跟他講曹錦輝他也不知道到底是誰的那種客人；如果他在離開的時候能覺得我們的餐點好吃，也覺得在我們餐廳吃吃聊聊很愉快，甚至在之後還又回頭再來光顧，那就是我在那段時間最滿足的事了。

有一次一位常客和我聊天，聊到中華職棒的假球案，他問我說當時媒體都說檢調單位一定會依照證據偵辦到底，怎麼後來就沒有再聽到後續的發展了？

二〇一〇年初我去了美國接受測試，後來一回到臺灣，從機場就被請去協助調查，那時我也覺得檢調單位想要繼續往幕後的那些勢力去偵辦，但是接下來我忙著籌備餐廳開幕，就再也沒有去注意這個案子；我只是一個曾經打過棒球的球員，就算我上過大聯盟又怎麼樣？在失去了棒球之後我還有很長的人生要過，我也要生活，所以我也只能隨口和這位客人聊著天，打哈哈帶過這個話題。

也許他想告訴我這個案子在辦了球員之後就不了了之，或是說這些幕後的勢力大到可以讓偵辦的動作就此打住，我知道很多棒球界的人都這樣想，但是我能說什麼？這不是我的領域，這案子關於我的部分也已經結束，我的身份就只是一個幫客人烤肉、偶爾和客人聊聊天的燒烤餐廳老闆，這些棒球的事情都已經過去了。

燒烤餐廳經營了一年多，每天生意也都很好，一開始是有賺到錢的，但是我們先天的環境並不理想，地方並不夠大，附近能夠支撐我們的市場也有限，而我們的經營方式需要比較多的員工，後來慢慢就感受到人事成本的壓力；我們試著在經營的模式上去做出一些調整，但是因為團隊之間有一些不同的意見，所以在那個時候面臨了不小的挑戰。

這是我人生第一次在棒球領域之外，遇上了會影響生計的問題，算是在做生意上遇到的第一個挫折，因為這跟打棒球不一樣，不能靠著自己努力、自己堅持去硬衝，就可以把事情做好；我需要做出一些艱難的決定，也需要學會怎麼樣去做最有效的溝通，來幫大家達成一個共識，一起把事情給做好。

很可惜的是在這件事情上我們沒有成功，我們為餐廳經營模式所做的一些改變，也沒能達到預期的效果，所以後來我在二〇一二年年底的時候就先退出了經營。沒有持續下去當然會覺得可惜，事後也會回想說，如果當時再堅持一下，會不會碰到什麼轉機，但是結束了就是結束了，可惜也沒有用；後來兩年我在朋友的鼓勵之下，又嘗試經營了不同形式的餐廳，但是卻引發了一些比較不一樣的風波，在那之後我就離開這個領域了。

經營餐廳的這段期間，在餐廳上了軌道、每天的作息也比較正常之後，我就開始恢復了一些最基本的體能訓練，想要讓自己可以健康一點，偶爾也會猜想如果自己開始恢復訓練，不知道還能夠找回多少實力？我嘗試過想要投球，但是手的狀態就一直不是那麼理想，那時我就知道，如果我還想嘗試以一個牛棚投手的身份東山再起，我的手臂一定要能承受頻繁出賽的壓力，不能投個幾球就必須要進傷兵名單休養。

二〇一四年是我在卸下餐廳老闆身份之後第一次起了重回球場的念頭，我開始思考重新比賽投球的可能性，也回頭檢視自己在訓練上是不是錯過了什麼，所以才不夠完備，沒有辦法讓自己更強；我當然可以嘗試回美國，但是當年我無法繼續留在美國最主要的原因，就是因為那邊比賽的強度超過了我的手臂所能承受的範圍，所以如果我想要回去的話，就必須要想出新的、不一樣的訓練方式，才有可能改造我的身體，再挑戰那邊的環境。

但是我不知道我還能怎麼去改造，也不知道有什麼方法可以讓我的身體再強壯起來；我是一個已經沒有餐廳可以經營的前老闆，也是一個被臺灣棒球界封殺的前職棒球員，在那一刻，我一無所有，也不知道該往哪個方向走。

CHAPTER. 6

神給我的夢

我從小就會跟我阿嬤上教堂，應該是天主堂，而父母親去的可能是基督教會，小時候不太懂，只知道跟著大人做，做禮拜唱詩歌都是有樣學樣，唯一學會的一件事就是禱告，那是我生命中的第一個宗教儀式。

後來升學到了高中，我離家到高雄去，高苑商工就是我的第二個家，學校出去比賽的時候都要去廟裡拜拜，到球場的時候也會拿香拜一下，久了就變成生活上的一部分；說不上真的是什麼信仰，只覺得那就是件比賽前該做的事。

不管是燒香拜拜還是上教堂，我一直沒有什麼太強烈的信仰選擇。

二〇一四年上半年，我的人生走到了一個斷點，講斷點好像有點嚴重，但就是一個空檔；經營過一段時間的燒烤店已經結束，我偶爾會在朋友開的義大利麵店幫忙，但其實每天的生活很空虛，人生實際上也沒有任何目標。

我一直在想，我的人生還剩下什麼？我還能做些什麼？

我從小打棒球到大，一直打到美國職棒，即使是因為受傷，在動手術復健的那段時間裡，我還是對自己的能力有信心，也從未懷疑自己可以回到球場上；但我從來沒有想到過自己會三十歲不到就離開棒球場，再也回不去。

我一直以為自己會打到老、打到退休，然後可能轉為教練，就像之前的許多前輩一樣，一直待在這個圈子裡；我沒有想到這麼快，我就要開始思考我的人生除了棒球之外，到底還剩下什麼？

我開過餐廳，有大張旗鼓的燒烤店，也有小本經營的麵店，每一次我都親力親為，努力把事情做好，每一次我都以為那就會是我的下一個人生，但是很明顯的，老天爺的想法和我不一樣。

那時我天天在想，我才三十二歲，還算年輕吧？人生還好長好長，我總是要做點什麼的，不是嗎？但是一靜下來，我就覺得這三十二年好雜、好亂，我已經好累好累，不想再繼續往前探險了。

三十二歲的我什麼都沒有，沒有目標、沒有方向、沒有動力，我每天醒來就像是遊魂一樣；健身和運動是多年保持著的習慣，但是除此之外，我不知道自己一天天下去，還能這樣迷惘多久。

我有想過，自己是不是還能有機會回到棒球場上？那時我在重量訓練上有了一些突破，也覺得自己的肩膀沒有過去那麼痠痛了，但是真的能再承受上場投球嗎？會有人願意給我機會嗎？

大概是五月的時候，我做了一個夢，夢境裡的細節我到醒過來都還記得，那是小時候的我在和隊友一起打球；那時候我們什麼都不懂，也什麼都沒有，每天就是丟球打球把自己玩得髒兮兮的，就算有時候教練比較嚴格比較兇，我們都還是很開心的打著球。

我記得我在陷入沉睡前都還在苦惱著自己人生的下一步，結果一進到夢裡卻是我小時候剛開始打球時的回憶；夢裡面的畫面清晰無比，我的隊友、我的手套，還有那一顆顆幾乎分不出紅色白色的破舊棒球，都是我兒時的記憶。

醒來之後我沒有特別想到什麼，只是覺得這個夢很有趣，因為那真的就是一個很快樂的夢，我回到小時候的球場，和小時候的朋友一起，身上沒有傷痛，腦子裡也沒有任何煩惱，就是很快樂的打球，那種感覺後來跟著我一整天，我記得那一天我的心情特別好。

那天晚上我躺在床上，又開始想著我的人生，也想起我前一天晚上的夢，奇怪，我怎麼會夢到小時候的事？那些隊友、那些場景已經好多年都沒有想到過了，為什麼會突然出現在我的夢裡？

我記得我想著想著，最後的一個念頭就是「不知道我今天會不會又做到一樣的夢？」然後我就又睡著了。

夢裡出現的是我在美國職棒小聯盟時的隊友，我在科羅拉多洛磯隊的小聯盟裡，身邊有美國人有拉丁美洲人，他們說的話有些我聽得懂、有些我聽不懂，但是我們在一起練球、比賽、坐在又熱又小的巴士上、還有簡陋無比的球員休息室；但是我知道我們都在努力，大家都想要往上爬，想要上到大聯盟，讓家人可以在電視上看到我們。

我想起那幾年在小聯盟奮鬥的時光，那種大家雖然都在競爭，但是每天卻又要同心協力上場比賽，努力打敗對手的奇妙感覺；那時每天都很累、每天都很辛苦，但是大家的目標都很明確，就是要往大聯盟前進。

連續兩天都夢到在打棒球，我知道有一點不一樣了，早上醒來以後我在床上躺了很久，想著夢裡的每一個細節，想著我在夢境裡看到的隊友，他們臉都好清楚；他們有的上了大聯盟，但是更多的現在都不知道到哪裡去了，說不定都沒有在打棒球了吧？

也許對他們來說，我也一樣，就是一個曾經短暫交會，一起打球的隊友，現在早就被遺忘了，說不定長相連名字都不記得；如果是這樣，那我打棒球打了一輩子，到底還留下了些什麼？

那天晚上睡前我雙手合十，大膽的向上帝祈禱，我說如果祂真的想要告訴我什麼，請讓我再作到打棒球的夢，如果是這樣的話，我就知道是祂在跟我說話；我願意再一次拿起我的棒球手套努力一次，不管再辛苦我都會堅持到底。

我記得這個念頭才剛轉過我的腦海，下一個場景就是我自己穿著大聯盟球衣，踩上投手丘準備對打者投球，眼睛死死盯著捕手的暗號；我很清楚那不是我過去的記憶，在夢裡我還轉頭看了看周圍看臺上的球迷，那是大聯盟的球場，那種全世界都在圍繞著你的感覺，我一輩子都忘不了。

醒來的那一瞬間我一頭冷汗，全身都是雞皮疙瘩，不只是因為我睡前祈禱的內容，而是夢裡的那種感覺如此清晰，我甚至可以感受到頭頂炙熱的陽光和空氣中青草的味道；然後就在我握緊球要開始投球的時候，我突然就在自己床上醒來，四周只剩下一片黑暗。

在那一刻，我決定要開始我的訓練計畫，因為那已經是我和上帝之間的約定。

我當下就坐起身來，在黑暗中構思起我的訓練計劃，以我當時的身體狀況，我知道從加強體能到最後上投手丘投球需要一段長時間的嚴苛鍛鍊；我把計畫想好，從六月一日就開始第一階段的體能強化訓練，也嘗試聯繫我的經紀人張嘉元，問他有沒有可能再幫我安排測試。

張嘉元不太能理解為什麼我會在離開中華職棒四年多之後，突然又想要開始投球，而且還想要接受測試，但他是一個負責的經紀人，他隔著越洋電話幫我分析，告訴我二〇一四年底可能會是一個好時機，因為那時第一屆的 U21 世界棒球大賽剛好會在臺灣舉行，有可能可以趁機邀請球探來看我投球。

在掛上電話前，張嘉元問我為什麼突然又這麼積極的想要重回球場，因為他不希望我只是臨時起意，也擔心我的身體狀況，怕我在訓練過程中又再受傷；我和他分享了我的三個夢境，也告訴他說我覺得這是上帝的旨意，是祂在帶領著我往這個方向走，至於最後會走到哪裡，就不是我可以決定的了。

張嘉元是一個非常虔誠的基督徒，他說上帝一定是在交付任務給我，也鼓勵我要相信上帝的安排，常常和上帝「聊天」，他和他的家人都會為我禱告；後來在我持續訓練的那幾個月中，他都一直與我保持聯絡，一直鼓勵我。

二〇一四年經紀人第一次帶劉牧師到花蓮來看我。也因為劉牧師，讓我更清楚祂要帶給我的考驗與任務，讓我更相信，一切都自有安排。

到了年底接近測試的時候，張嘉元專程從美國回來，希望帶給我更多信仰的力量，他透過介紹輾轉找到了一位劉曉亭牧師，一起到花蓮來看我；我們聊了很久，劉牧師告訴我要把過去的我給放掉，要重新把心門打開，重新去接受主，要相信祂的力量。

我回想起從小到大每一次禱告，都是因為我需要什麼、想要上帝實現我的願望，我才禱告；我一直以為我投球的天賦，還有後來的那些成就，都是我靠著自己的努力而來，從來都沒有想過那些其實是上帝賜予我的禮物。

劉牧師說，很多事情雖然失去之後才知道珍貴，但我該想著的不是那些我失去的東西，而是在我選擇做出重回球場的這個決定之後，所必定會要面對的質疑和責難；即使我自己認為沒有對不起棒球，即使依法沒有將我起訴，但我的行為確實已對臺灣棒球造成了傷害，這是我必須承擔的責任。

在這之前，我已經因為那些夢境而相信了上帝的力量，所以劉牧師的話讓我更加確定，這股力量真的一直在引導著我，這一切都是主的安排，不管是好還是壞，都是在計畫中應該要發生的事，差別只是發生時間的早晚而已，而我只是在執行主的旨意；我的道歉未必會有人接受，我的努力也不一定會被人認真看待，但是在上帝的面前，我必須要對自己誠實，要誠實面對自己過去的那些言行。

劉牧師說，也許有一天，我的經歷可以被年輕人拿來警惕自己，但是在那之前我必須先把自己給做好，不管再嚴苛的考驗我都必須承受；這條重回球場的路絕對不會一帆風順，也沒有任何成功的保證，但是如果我在這段過程中被人酸、被人罵，甚至是走在路上被人吐口水，我都必須接受。

劉牧師重新教我禱告，他教我不必把禱告想成是一個特別的儀式，也不必一定要去教會，只要每天靜下來的時候，想像自己是在和一個朋友說話，不管心裡有什麼疑問都可以問祂，祂就會給我方向，讓我一天比一天更明白自己努力的目標。

從那時開始，我就養成了一個習慣，只要我有想不透的、不曉得該怎麼辦的事，我就會靜下來和上帝說話；不管是在去澳洲打冬季聯盟的途中遇上波折、不管是中華職棒提出的那些抵制，或是後來我回到美國之後的一些起伏，還有到多明尼加冬季聯盟之後那些新挑戰，我都不會驚慌，因為祂是我的朋友、是我的父親，我可以感受到祂在聆聽。

最神奇的是，當我和道奇隊簽約之後，劉牧師剛好也受聘到加州聖地牙哥的教會傳教，所以在二〇一五年我回到大聯盟的那段路上，一直到後來離開美國職棒，劉牧師都就近給了我很多幫助；我常常和劉牧師聯絡，有不懂的地方也會向劉牧師請教，我常常禱告，不管是開心的事、不開心的事、迷惘的事，我每天都會想要跟上帝聊聊天。

二〇一五年劉牧師特別與教友們一起到道奇球場為我加油。後來在美國的這段期間，他成為我心靈上很重要的支柱之一。

剛剛回到美國職棒，參加道奇隊春訓的時候，經紀人張嘉元擔心我自己一個人面對那樣高張力的競爭環境會不習慣，特別請基督徒隊友們在做禮拜和禱告時都能帶著我一起；後來他來看我的時候，跟我討論到幾段常常被基督徒球員們引用的經文，不曉得為什麼，我對道奇隊投手克雷頓．克蕭（Clayton Kershaw）所引用的歌羅西書 3:23 特別有感受，那段經文是這樣說的：

你們無論做什麼，都要從

心裡去做，像是為主做的，不是為人做的。

這段話讓我更加明白這一段旅程真的是受到了上帝的引導，一路走來所遇到的這些貴人也都是上帝的安排，而今後我所做的一切都是為了祂；我跟張嘉元說，從現在開始，上帝就是我的老闆，我不必再猜測自己的下一步會是什麼、或是接下來要往哪裡去，因為我知道只要把眼前的事給做好，盡我最大的努力去面對，上帝、我的老闆就會帶領我去該去的地方。

老闆在我心目中一直是最重要的，以前年輕的時候我也曾經不信邪，覺得自己可以走自己的路，不必接受老闆的安排，但是不管我試過多少次，我每一次都會碰壁，都會碰到那種沒辦法再走下去的挫折；所以這個「該去的地方」到底在哪裡，我不知道，我們每個人的路徑也不一樣，也許我的路曲折了一點、或是有一些跟你不一樣的起伏，但是我能做的就是相信主、相信自己，然後繼續努力往前進。

生光

第三部

L

CHAPTER. 7

測試

在準備測試和復出的那段時間裡我得到很多好朋友的幫助，也遇到了許多貴人，他們有的和我短暫交錯、卻給了我重大的啟發，有的則成為了我的好朋友；他們都不求回報，只是默默盡著自己的力量，在那一段黑暗的旅程裡一直陪著我、鼓勵著我，讓我能一步一步的往前走，回到棒球的世界。

像塔哥，我已經忘記是怎麼認識他的了，他可能曾經是光顧過燒烤店的客人，也可能是朋友的朋友；總之在我離開中華職棒回到花蓮之後沒多久，我就認識了塔哥，他也固定會來店裡光顧。

那時我已經放下了再打棒球的念頭，正專心在開展我人生第二階段的事業；燒烤店的生意正在逐漸變好，每天都讓我忙得不得了，新的領域有太多東西要學，棒球早已被我丟在過去的回憶裡。

燒烤店只做晚上的生意，有時店裡生意忙，要輪流服務每一桌客人，常常一站就是一整個晚上，所以我總會先利用早上的時間跑跑步、運動一下筋骨，然後才回店裡去備料整理。

後來不知道怎麼和塔哥聊起了這件事，他就很熱情的說自己是玉里 A-Rod（美國職棒球星艾利克斯．羅德里奎茲〔Alex Rodriguez〕），可以陪我一起運動，連傳接球也可以；當時我沒放在心上，但是有一天聊著聊著，我們就約了第二天一起運動。

塔哥不是科班運動員出身，我的這些運動也比不上在職棒時的訓練強度，所以我們常常邊運動邊聊天；對路人來說，我們就是兩個在公園跑步運動的大叔，一點也不起眼。

塔哥是一個很典型的臺灣棒球迷，他並不狂熱，一年偶爾會看幾場中華職棒的比賽轉播，加油歌就算跟著唱也是零零落落的；真正買票進場看比賽，也要等到每年中華職棒移動到了花蓮，又剛好有空，他才會跟著朋友一起湊個熱鬧。

但是如果說起中華隊，或是旅外上了大聯盟的臺灣選手，塔哥的精神就來了，對於中華隊的國際賽和旅外選手的精采表現更是如數家珍，一聊就停不下來。

二〇一四年為了和塔哥丟球，特別去找出來的手套，上面繡著一生懸命，剛好用來警惕自己。

有一次塔哥問我，離開了球場難道就再也不會想丟球了嗎？我仔細想了一下，才發現我還真的好久都沒有再想起棒球這件事，連上一次拿起棒球是什麼時候，我都快不記得了。

我回家從房間角落裡找出了最後那個手套，上面已經淡淡的蓋著一層灰，我揮了兩下，裡面滾出一顆大聯盟用球，白色的皮面上有著淺淺的磨擦痕跡。

我盯著那顆球看了好久，

才慢慢伸手出去把它撿起來;隔了這些年,指尖碰到球的時候有一種異樣的熟悉感,大聯盟用球摸起來有一種很特別的粗糙感,那種感覺是一輩子都不會忘的。

塔哥說他有時跟朋友說起他和曹錦輝一起運動,他的朋友都說怎麼可能,還開玩笑說難道曹錦輝要復出嗎?我聽了也覺得好笑,我早就是一個黑名單上的人,哪裡還有復出的機會?

到了二〇一四年,那是我生命中轉折最大的一年,那時我已經完全退出餐廳的經營,有一些私人的事務也都告了一個段落,那是我人生三十多年來第一次完全的放空,沒有任何事情的羈絆,也沒有任何計畫和方向,我第一次開始想到,我的人生難道就是這樣了嗎?

我還是繼續著每天的鍛練,但是心裡知道這除了是因為自己閒不下來之外,也有一點小小的不甘心;我覺得自己手不那麼痛了,體能也越來越好了,我是不是應該豁出去拚一下,也許上天會再給我一個機會?

我永遠記得那一天，我的手還有點痠痛，我的心裡第一次有一個肯定的聲音，告訴我說既然沒辦法回頭，那也不該再原地踏步了；於是我把握推的重量加倍，深呼吸了幾次，眼睛一閉就開始往上推，手很痠，我知道可能動到了一些平常沒用到的肌肉，但是我繼續做，慢慢的硬是把次數做完。

接下來的幾個星期我保持著類似的訓練內容一直繼續練，我知道我的身體正在承受一種從來沒有過的壓力，但是我一旦決定往前走下去，那就真的只能做到手斷掉為止；我每隔幾天就會做一點變化，加入一個新的重訓動作，握推、下拉、擴胸，全部都有，都是那些以前被球隊嚴格禁止，或是被限制不能太重的上半身動作。

我心裡偶爾會想著，不知道這樣下去我的肩膀會不會突然又壞掉，可是一天一天，我覺得我的手好像不一樣了；疼痛還是有，但是我知道我可以出力，而且出力並不會讓我的疼痛加劇，我持續做了一兩個月，那是我第一次開始覺得，這些新增加的重量似乎有一些無法解釋的效果。

到那時我就知道，這樣的重量訓練看來是對我有效的，所以我必須繼續累積足夠的訓練分量和經驗；我每天不停的練，同時也開始擬定下一步的計畫，一方面要考驗自己還能維持這樣強度的重訓多久，另一方面就是要開始在這樣的基礎之上，逐漸加強訓練我的技術，也就是真正的投球。

這個完全解禁的鍛鍊大概進行了半年，我感覺到長期的累積有了效果，於是我打電話給經紀人張嘉元，問他說有沒有可能讓我在球探面前測試一下？在那之前，我已經有大半年沒和他聯絡聊天，最後一次講到測試還是二〇一一年年初時的事，後來就都沒有再提起，所以當我跟他說我想要再接受測試的時候，他以為我在開玩笑。

張嘉元是一個很認真、很古意的人，常常我們球員跟他講的一些玩笑話他都會當真，但是那次當我認真跟他說想要再接受測試的時候，他反而以為我是在開玩笑；後來我只好隔幾天就打一次電話煩他，他很認真的問了一些我的近況，還有我訓練的內容，我們就像家人一樣的聊著天，我告訴他我在夢裏得到了啟發，覺得這是上天的旨意。

張嘉元同意幫我安排測試，但是他還是擔心我的體能狀況，更擔心我的肩膀，所以一直要我別抱太大的希望；他建議我們把測試訂在二〇一四年的十一月，那時臺灣剛好會主辦第一屆的 U21 世界棒球大賽，他可以邀請球探在那時來看我投球。

時間訂了以後，我的心情就篤定了一些，但是我也知道接下來只剩下幾個月的時間準備，必須要在測試前把自己的狀況調整到最高峰；我把訓練的時程從十一月往回推，規劃出一個完整的訓練計劃表從六月開始加強訓練，七月八月傳接球，九月進牛棚，十月模擬比賽，狀況調整到十一月剛好接受測試。

初步訓練的內容很簡單，我要先把我的體能全部再向上提升，重新把基礎打得更加紮實，完成了這個階段，才能開始嘗試丟球；但是這個計畫所冒的風險就是一切都要很順利，只要在這期間我的手有一點不舒服必須暫停、甚至是傷勢復發，那就一切都全部完蛋，絕對不可能趕上測試。

我每天早上九點到十二點練體能，長跑、衝刺跑、還有跑沙灘，全部都輪流來，用不斷的變化和分量來刺激我的身體；我還加上青蛙跳來強化下半身的肌力，先跳上階梯，然後跑步下來，再青蛙跳上去，來回的次數不一定，但每一個來回都要在兩分鐘之內完成，直到再也跳不動為止。

中午休息之後，下午就會做重量訓練，在決定忽視過去球隊給過我的所有限制之後，我對這一整套強化訓練的內容已經掌握得非常熟悉，一進到健身房就可以照著順序一個一個做下來，逐漸強化全身每一個部分的肌肉；我一星期做滿六天，只有星期天才休息，讓身體恢復，我計劃要經過一個月的體能重訓之後，才能開始丟球。

花蓮是一個好地方，我跑步的路線、海邊的沙灘，還有做重訓的健身房都在附近，我也沒有特別去迴避，所以有時候遇到朋友，或是有人認出我問我是不是在做什麼訓練，我都會直接告訴他們，說我想試試看能不能再挑戰美國職棒。

幾乎所有人，毫無例外的都會哈哈大笑，他們都覺得我連中華職棒都沒得打了，怎麼可能再去美國？更何況我離開職棒那個競爭的環境那麼久，以我的年紀和傷病歷史，怎麼可能再恢復到從前那樣的能力？

很可能是因為我以前就很愛開玩笑，所以就連我的朋友們都覺得我一定又在胡說，他們都知道我受過的傷，也看過我手肘和肩膀開刀的傷疤，所以大多認為我只是沒事做，想要抓住青春的尾巴而已；但是有幾個還是說，如果我需要人一起傳接球，他們可以輪流幫忙，其中一位是退役的網球選手、一位是玉里高中的球員家長，另一位就是塔哥了，塔哥說他任何時間都可以陪我練，不管時間地點，只要我跟他說，他一定會配合我。

我記得很清楚，那時塔哥跟我說，「做朋友的，在你發達的時候我不認識你，但是你現在既然有決心想要再回去美國，不管你要我做什麼我都會幫你，我也想要再看你能站上大聯盟。」

從那時起，我就會帶著手套和塔哥一起，下午先跑步熱個身再開始輕鬆丟球，其他的兩位就是有空的時候才來參加，雖然塔哥說他小時候打過球，但是為了安全起見，我們距離不會拉得太遠，力道也不會很大，主要就是活動一下手臂和肩膀，慢慢讓身體習慣這個體能、重訓，還有丟球的訓練程序。

我經歷了一整個月加強的體能訓練才開始丟球，很神奇的是一丟出去就覺得球很有力，雖然我的手因為手術的關係，肩膀多少都會感覺到一些拉扯和痠痛，但是這麼多年下來我已經知道痠痛程度的差異，我知道自己的肩膀是承受得住的。

我感受到最大的差別就是我的手可以使力，肩膀可以讓我出力丟球，而且很穩定的每隔一段時間就會感覺到手越來越有力，這是離開中華職棒以來的第一次，甚至可以說是在我離開道奇隊之後，第一次感覺到手的力量好像在增加，而不像之前我只是努力的想要維持住狀況而已。

一開始傳球距離還短、也不用丟很快的時候，塔哥都還可以應付，但是等到我開始把傳接球的距離拉長，從六十英呎、九十英呎，到開始往一百二十英呎拉長的時候，塔哥就有點應付不來，長距離丟回來的球要彈個一兩下才會到我這裡；這沒有關係，但是我不知道的是他丟到手臂痠痛也不敢跟我講，都是自己回去偷偷貼膏藥，然後下一次再假裝沒事繼續陪我練。

我一直沒想到塔哥是這樣硬撐著，身體和手臂痠痛都沒有說，連後來我開始出力，球丟得比較快了，他也是咬牙硬撐著接我的球，有時候腳被打到，甚至打出了球的印子，或是球沒有接好手被震到，他也都說沒事，叫我不要擔心；是後來有其他朋友告訴我，說看到塔哥有時腳一拐一拐的，有時手都舉不起來，我才知道原來他忍耐了這麼久，還堅持每天都出現在球場。

塔哥說有時他告訴朋友他在和曹錦輝一起訓練，還幫忙接曹錦輝投出來的球，從來都沒有人相信他，甚至還叫他不要再吹牛了，朋友們說就算是真的，曹錦輝也沒辦法再打球了，這樣練是要幹嘛？

有一次塔哥被逼急了，忍不住叫朋友們不相信的話可以來看，結果想不到朋友們居然真的出現，專程跑來看他到底是說真的還是說假的；塔哥說看到他們瞠目結舌的表情，就一切都值得了。

我有我的決心，我知道自己的目標是什麼，所以再多的痛苦我都可以忍受，就算把手丟斷了丟廢了，也是我自己願意付出的代價；但是我看到塔哥這樣，只是因為聽到我想要再試試挑戰大聯盟，就冒著生命危險、真的是冒著生命危險來幫我接球，我心中那個「想要完成這個任務」的念頭，就一天比一天強烈。

一星期一星期過去，我的傳接球距離越拉越遠，慢慢進步到自從在科羅拉多洛磯隊動關節唇手術之後，都沒有丟到過的長距離，這些都是我已經好多年都做不到的事了；而重量訓練也仍然持續進行，不管是擴胸還是下拉這些以前被禁止的動作，我所做的重量度都已經無法往上再加，都是機器有多重我就做多重，做到滿格的程度。

塔哥，還有身邊朋友們持續的關心，讓我覺得這已經不只是我自己一個人的任務了，我覺得他們這麼拚，不顧自己安全幫我接球，這樣的支持給了我滿滿的能量，讓我覺得自己一定要繼續往前走，一定要努力走到沒有路可走為止，絕對不能對不起他們。

就這樣持續的訓練，讓我的體能在二〇一四年下半年達到了一個前所未有的高峰，幾乎要勝過剛進職棒之前的我，想起來會覺得有點不可思議，一個三十幾歲的老球員，體能怎麼可能勝過十八九歲的高中生？但是那時我覺得自己整體的狀況真的很好，單看體力耐力也許比不上受傷之前的我，可是如果加上全新鍛鍊出來、過去根本沒有的肌肉強度，我確實處在一個從未曾達到過的體能高峰。

我不曉得自己這個狀態可以維持多久，所以我只能一直不停的練，一直不停的增加訓練量，有點像是在往桶子裡加水，我知道這個桶子一定會漏，但是不知道漏多漏少，所以我只能一直往裡面加水，一直加，希望它能保持住一定的分量；也就是說，我希望靠著這樣持續的訓練來維持住我的體能狀態，讓我可以開始鍛鍊我的球技，把投球技術面的東西也練起來，只有體能和技術融合在一起，我才有希望能在測試有好表現。

到了九月我就照計畫開始進牛棚投球，熱身時塔哥可以站著勉強幫我接，但是如果要真正蹲下來接捕，就要請科班出身的朋友，或是中學的小球員幫我；我的朋友們其實膽子很大，他們也試過穿上護具幫我蹲捕，但除非必要，我們都還是盡量避免這樣的危險。

也就是差不多在這個時候，經紀人張嘉元告訴我說，如果還是確定要接受測試的話，他要開始跟球探們確認我的狀況了；我猜他是好奇我有沒有繼續維持住這股動力，可能也擔心我的手斷了沒有，但是我對自己的體能狀況很有信心，我告訴他說我可以丟得蠻快的了，只差沒能模擬比賽的狀況，但是參加測試是絕對沒問題的。

他的反應是不太相信，他說我才開始練了兩三個月，球速怎麼可能提升上來，他還小心翼翼的問我說球速有沒有九十英里，因為那是最基本的門檻；雖然我們沒有機會拿測速槍來測量，但是憑我的經驗，我知道球速絕對有到九十英里，但如果要吸引球探的興趣，這是絕對不夠的，我必須繼續往上加強。

牛棚練投了一個月之後，我知道自己需要面對打者做調整了，所以我和綺麗珊瑚隊的謝承勳教練聯絡，麻煩他幫我安排加入球隊的練習，讓我能面對打者或是參加內部的訓練比賽；我很感謝綺麗珊瑚隊的幫忙，特別是當他們聽說我是為了年底的測試在準備，他們更是全力的配合我的需求幫我練習，對我的幫助真的很大。

進入模擬比賽的狀況之後，我最重要的事，就是每天透過各種鍛鍊方式來維持住自己的體能狀態，不管是在重量訓練或是牛棚練投都是一樣，不能讓自己的狀況走下坡，也不能太貪心硬練太多而傷害到自己；現在回想起來，當時雖然沒有做什麼特別的，但畢竟還是有一點緊張，每天都害怕會不會一覺醒來，手就突然怎麼了。

在綺麗珊瑚隊的協助之下，我不但有了一個良好的實戰訓練環境，也有了測速槍來確認我的球速，我們固定把模擬比賽的狀況拍攝了下來，同時也逐一記錄我的球速；有一天我的狀況不錯，球出手的感覺也很好，球一出手後打者和捕手的反應就讓我知道這球很快，接著就是本壘後面傳來一聲髒話，拿著測速槍的學弟大喊了聲「九十五了啦！」

大家都很開心，因為我能穩定維持在九十英里以上，甚至還可以推進到九十五，是我們一起努力出來的結果；那天練完球我們就把影片傳給了張嘉元，請他轉告球探說我已經準備好了。

我想在收到影片之前，張嘉元可能都還覺得對於這個測試，我只是在開玩笑的，但是看到影片之後，他幾乎是立刻就打了電話過來；我看了看時差很可能是美國時間一大清早，而他的口氣比我還激動，一直大喊說「怎麼可能！怎麼可能！你是怎麼做到的？」

他真的是一直重複的不停問我，「你的手不會痛了嗎？你這麼多年都沒在動了，怎麼可能練幾個月就練成這樣？你到底做了什麼？」

我一直等到他情緒平復下來，我才問他說：「那你相信我可以去測試了嗎？」

他馬上又激動了起來，他說：「馬上馬上！我馬上把這影片傳給所有的球探，他們看了就知道你不是隨便說說的，他們一定會認真來看你的測試！」

CHAPTER. 8

苦盡甘來的一份合約

不管到時會有多少球探來看我的測試，我很確定我的角色會是牛棚投手，但每一隊的需求各有不同，球探被交代的評估重點可能也不太一樣，我無從特別準備起，只能盡量想辦法在測試時展現出自己完整的實力；而且老實說，真正到了測試那一天，我的狀況如何，能表現出多少能力，我自己也沒辦法掌握，一切只能交給上天。

對我來說，唯一能感到安慰的，就是我的手臂依照我自己所擬定的訓練內容，似乎恢復了健康；我不但能丟到九十五英里，而且還不會有任何額外的傷痛，更不會有像以前痠痛到舉不起來的情形，唯一的不正常就是一切都再「正常」不過，我每一天都可以正常練球，一點都不受影響。

二〇〇九年在中華職棒兄弟象隊的下半季，每一場比賽先發投完我的手都會痛得舉不起來，不管投多投少都一樣；有時候狀況不好，但還是要先發，反而會花更多時間熱身跟練投，所以每次只要是比賽，第二天我就會很不舒服，需要接受治療，而且右手一牽動到就會痛，很多事情只能用左手去做。

固定在周末先發是我在加入兄弟象隊時就要求的，也因為這樣，我才能保持一個很固定的週期，也就是比賽後休息，然後治療、伸展、重量、牛棚、休息，最後又回到先發日，一直照著這樣的時程走；我們運動選手身上一定都有傷，就算從來都沒開過刀的球員，在球季進行中也一樣會有一些固定的傷痛要忍受，每個人的差別只是程度多寡，還有你對疼痛的忍受度而已。

但是到了二〇一四年底的測試前，那是我在二〇〇七年動完關節唇手術之後，第一次覺得投完球，而且是用力、全力投完球之後，手完全沒有那種無法忍受的疼痛；那是一種很奇怪的感覺，奇怪到我在模擬比賽或是牛棚練投完的第二天，甚至會用各種角度移動著我的肩膀，嘗試去找以前那種習慣了的痠痛到底在哪，怎麼都不見了。

在測試的前一天我什麼特別的都沒做，只是照著每天固定的訓練內容做完伸展，就出發去到臺中的旅館；為了保持體力多休息一點，我刻意很早上床去躺著，可是卻一直無法睡著，後來到了凌晨覺得肚子餓，忍不住還是出了門去買吃的。

現在也不記得後來到底去夜市買了什麼，也沒想到吃消夜會不會影響了作息、甚至吃壞肚子；我只記得我在夜市晃了一圈，隨便買了幾樣東西就回到旅館，一邊吃一邊想著要趕快回床上睡覺，因為測試是第二天一大早。

後來我躺在床上還是睡不著，腦子裡一直在轉動著以前投球的畫面，可能是太久沒有在大家面前丟球，我就一直在床上睡睡醒醒；也許是緊張，也許是亢奮，我翻來覆去的一直靜不下來，不知不覺天就亮了。

我整理了一下就往球場出發，那天剛好是U21世界棒球大賽的空檔，幾乎所有美國職棒派駐在臺灣的球探都到了，一共大概有十幾位，不知道的人會以為是哪個十幾歲二十歲的年輕人在測試，但其實卻是我這樣一個三十幾歲的老球員。

經紀人張嘉元邀請了小老弟朱立人（吉力吉撈．鞏冠）幫我接球，他那時還在印地安人隊小聯盟，球季後休息時間特地過來幫忙；我們伸展完了就開始熱身，但是不知道是前晚休息不夠還是緊張，我很快就發現自己的狀況並沒有很好。

一開始投的是直球，我在身體熱開之後就嘗試著要出全力，因為我知道球探們要看的就是球速，因為那是最客觀也重要的評量工具；我的肩膀和手臂都沒有痠痛，也不覺得特別緊，但就是感覺力量沒辦法完全傳遞出去，直球大概投了接近二十球，其他的滑球、曲球、變速球也都有嘗試。

從投手丘上下來，我就知道自己其實比不上之前影片裡的狀況，但是那一天我能表現出來的就是那樣，我覺得我盡了我的能力準備，沒有被傷痛影響，也沒有對不起那段時間陪著我一起努力的朋友，之後會有什麼樣的結果，也只能交由上天來決定。

我沒有去留意球探們說了什麼，有一兩位過來跟我和經紀人打招呼時有說，從影片和這次測試看起來，我的狀況是還不錯的，但是他們都必須向上回報，等球團整體評估之後，才能有後續的決定；這是球探的場面話，但也是美國職棒的正常運作方式，張嘉元和我都懂，主動權本來就在球團手上。

我自己知道，牛棚中繼投手的角色最不受重視，但是競爭也最激烈，除了因為有太多跟我一樣起起伏伏的資深投手之外，每年也有很多先發投手和終結者因為各種原因轉為牛棚投手，球團有太多人選可以評估，不管要還是不要，都不會太快給我什麼通知，我只能慢慢等。

回到花蓮以後我並沒有因為測試結束就放鬆下來，我繼續維持著同樣的訓練內容，早上練體能、下午做重量訓練搭配傳接球，偶爾也還是會上投手丘練投，努力把自己的狀況維持好，因為若是突然停下來，我也沒把握能不能再回到同樣的體能狀況；後來沒有多久，張嘉元就收到一些球探的回覆，說希望如果可以的話，他們想看看我在正式比賽中的表現。

在年底那個時間點，要參加球隊正式比賽只有兩個選擇，一個是加勒比海的冬季聯盟，墨西哥、多明尼加、波多黎各、委內瑞拉都是選擇；我還在美國職棒的時候就想過要去嘗試一下，但是那個聯盟對球員的球技水準要求很高，像我這樣一個多年沒有實際出賽紀錄的外籍球員，幾乎是不可能有機會加入的。

另一個選擇就是澳洲的棒球聯盟了，對於北半球的我們來說雖然是冬季，但是南半球的澳洲剛好是夏天，那裏有很多年輕球員和大聯盟的潛力新人一起比賽，也會有大聯盟的球探在場關注，對我來說會是一個很好的測試機會，所以我們就決定十二月的時候到澳洲去試試身手。

PK 一家人不但在澳洲招待了我一個月，後來還專程飛回洛杉磯，
到道奇球場來看我比賽。

就在這個時候，我遇到了在復出這條路上的另一個貴人，洛杉磯道奇隊派駐在澳洲的球探派特．凱利（Pat Kelly），大家都叫他PK。

我一直對PK有印象，知道他當過道奇隊和西雅圖水手隊駐亞洲的球探，但後來才知道原來他在大聯盟打過九年球，曾經是紐約洋基隊的先發二壘手；而他最得意的一件事，就是曾經在聖路易紅雀隊親身經歷巨砲馬克．馬奎爾（Mark McGwire）擊出七十支全壘打的那個球季。

ＰＫ在從球員生涯退休之後轉任球探，第一個簽下的球員就是臺灣的胡金龍，所以他對臺灣棒球界有足夠的了解，胡金龍當時也是透過經紀人張嘉元和道奇隊協商簽約，所以張嘉元聯繫上ＰＫ之後，我們就決定參加當年的澳洲棒球聯盟；ＰＫ邀請我參加在阿德雷德的鯊魚隊，他會親自幫我安排所有球隊的事，所以我立刻就決定出發。

去阿德雷德的班機要經過香港轉機，但是在轉機的時候我就聽說中華職棒對我去澳洲有意見，也發函要求澳洲不要讓我參加澳洲聯盟的賽事，所以即使我人到了澳洲，也未必就一定能上場比賽；當時我人在香港，可以決定立刻飛回臺灣或是繼續往澳洲去，我覺得我努力的目標是回美國打球，不是回中華職棒，去澳洲也只是要在球賽中投給美國的球探看，為什麼臺灣要這樣阻擋我？

所以我還是決定去澳洲，畢竟加入球隊的事說不定還可以有轉機，而且人到了現場總還會有練球的機會，不能因為一點可能的小阻礙就這樣放棄；到達阿德雷德的時候，球隊和聯盟的代表都到機場來接我，ＰＫ安排我住在他家，但是幾乎已經確定的，就是我不可能會上場比賽了。

因為不能比賽，所以一到澳洲我就在ＰＫ的安排下，利用鯊魚隊球場的設施和器材來繼續我的鍛鍊，跑步、重量訓練都是繼續進行，球隊的選手也會幫我接捕，有的時候ＰＫ自己也會跟我傳接球，盡量幫我保持在很好的狀態；那段時間我每天祈禱，我跟上帝說我在這裡碰到這個情況，我卡關了，這些都不是我的能力可以處理的事，我希望祂能給我一個指引，帶領我走出這個困境。

在澳洲練習了幾天，ＰＫ就必須去洛杉磯參加道奇隊的球探年終會議，他說一定會報告我的狀況，臨走前也特別安排了讓我在阿德雷德的社區球隊比賽，希望我能慢慢找回比賽的球感；我記得那場比賽有兩三個球探在現場看我投球，我想對於一個社區比賽來說，這一定是很少見的事，那天我的狀況特別好，比我十一月在臺中測試、還有十月在綺麗珊瑚隊時拍的牛棚影片還好，球探說球速有到九十六英里，他們覺得很滿意。

那幾位球探都不是道奇隊的，但是他們的意見也都是一樣，說他們很有興趣跟我

二〇一四年由於無法參加澳洲聯盟賽事，在球探 PK 安排之下和阿德雷德的社區球隊一起比賽。

簽約，但是必須先向球團回報，同時也希望能多看到我實際比賽的情況；他們也都誠實跟我說，球團最擔心的就是我的年紀，還有手臂的傷勢狀況，不希望簽了一個選手然後一下子就必須放到傷兵名單上。

幾天後ＰＫ從洛杉磯回到阿德雷德，他說球團對我的狀況已經有了掌握，也接受了他的意見，但是可能還要一些時間才能做出決定；就在這個時候，經紀人張嘉元接到了墨西哥冬季聯盟的邀請，球隊希望我立刻過去報到，加入正在進行的賽事。

當下我的反應是很直覺的「當然要啊！」我原本來澳洲的目的就是要參加比賽，如果這裡沒辦法打，那我就到墨西哥去；我完全不在意自己對那邊的風土環境完全陌生，對西班牙文也完全不懂，我只想著說有比賽就好，那是最重要的事。

既然每一個球探都說想要看我在比賽中的表現，那我就應該要去墨西哥好好證明我的實力，來消解球探和球隊對我的疑慮，這不光是證明給他們看，我也想證明自己還做得到；於是我請張嘉元立刻回覆墨西哥球隊，對方也馬上幫我訂好機票，第二天就會從澳洲出發。

那天我維持著一樣的訓練時程，和ＰＫ一起到球場去，他要先處理一些球隊的事務，我就在外野伸展、跑步；那天天氣很好，太陽很大，突然我就看到ＰＫ在本壘附近一直揮手要我過去，我趕緊跑了過去，看到他手上拿著電話，一連串的說「ok、ok、ok」，臉上都是笑。

ＰＫ掛上電話，非常興奮的用力拍我肩膀，他說：「你做到了！我們球隊決定直接跟你簽約了！」

「就是現在！你現在就跟我回家，合約印出來你就可以簽字，準備明年去春訓了！」

在當下我真的是有腦袋爆炸的感覺，有一點慌亂，但是也覺得好像鬆了一口氣；從六月開始準備的時候，我就知道這是一個幾乎不可能的任務，但是現在居然真的做到了，這中間如果不是朋友的幫忙和經紀人的努力，我根本不會有這個機會。

和科羅拉多洛磯隊簽約的時候，我是一個備受矚目的新人，站在世界的頂端，有很多合約等著我來挑選；而這次和道奇隊簽約，我是一個已經被遺忘了的老投手，一個受過傷、復過健、已經退休開過餐廳的人，而且連想復出都還會被阻礙，完全是兩極化的不同情緒。

這樣突如其來、而且得來不易的合約，真的是一個意外的驚喜。

形式上我還是必須做一個體檢，我心裡有點擔心，會不會檢查出一些我沒有預期到的傷勢，讓道奇隊又改變心意？但是ＰＫ安慰我說，球團早就知道我的開刀歷史，也知道我的體能狀況，最重要的其實就是我這幾次測試和比賽時的表現而已，體檢的結果改變不了什麼。

當下張嘉元也提醒我，接受道奇隊的合約是一個穩當的決定，但是如果暫時先不簽約，照著原定計畫去墨西哥比賽，說不定會有機會用好表現換到更好的待遇，甚至有可能被邀請去大聯盟春訓；但我自己心裡知道，我想要在同一個地方站起來，既然上一次在大聯盟有不錯的表現是在道奇隊，那我就希望能再穿回那件白色的球衣，讓大家看到我是真的回來了，跟過去一樣、甚至更好。

於是相隔不到二十四小時，張嘉元又必須打電話給墨西哥球隊聯繫，告訴他們說我改變心意不去了，對方沒有什麼太大的意見，好像對這種狀況很習慣了，他們只是告訴我說機票沒辦法作廢，這筆錢我必須要賠償給他們；PK告訴我說不用擔心，道奇隊會負擔這筆費用，但是他也邀請我留在澳洲繼續鍛鍊，他認為那邊的氣候環境不錯，我也適應得很好，不如就在那邊專心練球，好好為第二年的春訓做準備。

從六月開始訓練的時候，我就知道在這個過程中只要我的手有一點狀況，只要有一點類似受傷的情況停下來休息，那我這個計劃就會失敗，因為我絕對沒辦法趕在十一月的測試前恢復；所以我每天都在祈禱，每天都跟我的上帝說話，希望祂給我指引，引導我在正確的時間裡做完祂要我做的事。

到了澳洲我也繼續跟上帝說，不管接下來的路會怎麼走，看是要經過澳洲聯盟還是要經過墨西哥，我都願意接受這樣的安排，也願意去嘗試；也就是因為這樣的心態，所以中華職棒的那些做法以及後續的波折我都可以接受，因為對我來說那都是上帝的安排，一定都是有道理的。

我在澳洲待了一個月，都住在ＰＫ家，還和他們一家人一起過聖誕節和新年，那段時間ＰＫ給了我很多心理輔導，他告訴我說既然已經有了合約，就沒有必要在這個時候燃燒我的手臂投球，距離春訓只剩下兩個多月，他要我準備好到那時再全力發揮，爭取一個固定的牛棚位置。

我知道那時候中華職棒已經開始在跟美國職棒大聯盟聯絡，也知道道奇隊和我簽下的合約必須被送到大聯盟辦公室去做最後的審核，但我自己知道這些都不是我能掌控的事，如果發生了我也只能面對；上帝告訴我說，我能做到的就是盡我自己的努力，能怎麼走就怎麼走，走到不能走為止。

在澳洲跨完年，我在一月回到臺灣，立刻就回去花蓮，和那一群陪著我走過這條路的朋友們分享這個好消息，因為在我最消沉、最失去方向的時候，只有他們和我在一起；他們陪著我找到方向，也陪我一起透過持續的訓練又站了起來，現在我們踏出了重返大聯盟的第一步，我只想和他們分享。

CHAPTER. 9

重回道奇

二〇一五年我到洛杉磯道奇隊位於亞歷桑納鳳凰城的春訓基地去報到，出發前我就知道中華職棒還在和大聯盟辦公室溝通，也準備了相關的資料在遊說大聯盟不應該再讓我打球；經紀人張嘉元一直提醒我要我放心，說大聯盟已經做過了獨立的調查，也派過專員到臺灣去了解當時的案情，既然合約已經被聯盟批准，就表示我的資格不會有問題，但我心裡還是會想，會不會就跟在澳洲的時候一樣，突然就說我不能打球了。

不過擔心這些事並沒有用，因為我已經把所有我份內能做的部分都盡力做到最好，剩下的都是我無法控制的事；中華職棒不會因為我去抗議或是求情，就停止對我的封殺，而在美國職棒這邊我只能好好維持自己的體能狀態，為春訓做好準備，把一切都交給上帝。

如果真的不能打球了，那也是上帝的安排，但是最少我證明了兩件事情，第一就是我的重量訓練對我的關節唇復健有用，讓我可以回到以前的身手，第二就是我已經讓自己恢復到大聯盟球隊願意和我簽約，願意給我機會的程度，這份美國職棒的合約是中華職棒無法抹滅的。

二〇一五年第二次加入道奇隊，但卻是第一次造訪道奇隊位於亞歷桑納州的全新春訓基地。

二〇〇七年我第一次加入道奇隊的時候，春訓基地道奇城（Dodgertown）位在佛羅里達州的維羅海灘市（Vero Beach），那是一個充滿懷舊歷史與棒球情懷的鄉下小鎮；多年以前日本職棒的讀賣巨人隊曾經在那裏春訓，王貞治也在那邊打過比賽，聽說中華成棒隊之前赴美集訓的時候，也曾經使用過道奇城的設施。

這次再度加入道奇隊的行列，春訓基地已經搬到了亞利桑那州格蘭岱爾市

（Glendale）的駝背牧場（Camelback Ranch），這座二〇〇九年才完工啟用的春訓基地有最先進的訓練設備和最舒適的休息環境，就連小聯盟球員的休息室和設施都有大聯盟的規格；我離開道奇隊才短短幾年，想不到現在的小聯盟選手已經有這麼好的環境，美國職棒真的是進步太快了。

走進休息室的時候，我的置物櫃旁邊坐著一位看起來是拉丁裔的選手，他有一頭捲髮，黑白分明的眼珠盯著我上下打量，然後突然就很熱情的對我說起怪腔怪調的中文；好笑的是我知道他講的應該是中文，但是我實在猜不到他想說什麼，後來我們開始用英文溝通，我才搞清楚他是在跟我自我介紹，他說的是「我是拉蒙．川克索（Ramon Troncoso），郭泓志是我的好朋友！」

川克索是一位多明尼加籍的右投手，他在二〇〇八年登上道奇隊大聯盟，一連幾年不管在大聯盟還是小聯盟都跟郭泓志當過隊友，都是牛棚投手的身份；後來他轉戰美聯球隊，到二〇一五年剛好又回到道奇隊，變成了我的春訓夥伴。

他大概怕我沒聽懂他中英文交雜的溝通方式，馬上就拿出手機讓我看他和郭泓志

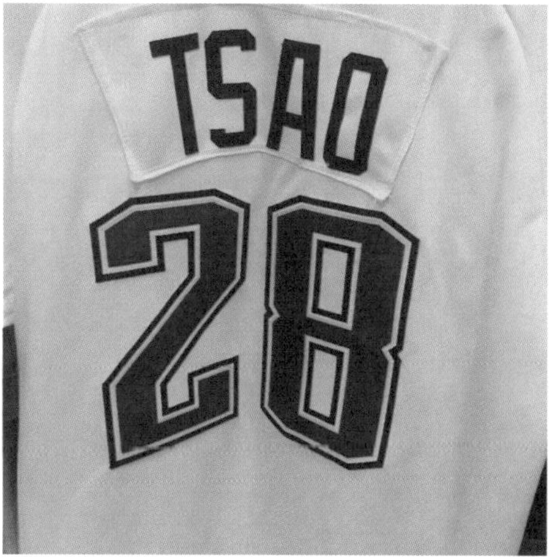

二〇一五年到二 A 報到時我是全隊最老的球員，當時的隊友柯瑞席格（Corey Seager）和胡立歐烏里亞茲（Julio Urias）現在已經是世界冠軍。

還有胡金龍的許多合照，告訴我他真的是好朋友，沒有騙我；我馬上拍著他的肩說「我相信，我相信！」因為我那時人生地不熟，能夠有一個隊友主動找我，高興都來不及了，怎麼還會懷疑？

離開了這個環境五年，我對周圍的一切都是又熟悉又陌生，但我還記得每天早上到球場的第一件事，就是去看告示板上的訓練課表和球員分組，然後大家就照表操課，各自到該去的地方集合練球；大概是因為年紀和資歷的關係，我和川克索都被分配和三A的選手們在一起，要競爭牛棚投手的角色，我常常跟他說，他投得那麼好，應該要在大聯盟那邊，怎麼會在我們小聯盟這裡，他總是笑著搖搖頭說他也不知道，然後就繼續跟我傳接球。

後來我注意到每天都有一些年輕投手，早上看完告示板上的公告之後，就會留在休息室裡聊天閒晃，不必到球場去熱身鍛鍊；川克索告訴我說，雖然我們小聯盟的春訓才剛剛開始，但是大聯盟的熱身賽已經開打了，現在先發投手暫時都只會投一兩局，所以需要比較多投手輪替，球隊每天都會指派小聯盟投手過去大聯盟的熱身賽支援，第一批都是年輕投手，但是接下來就會輪到我們這些老將。

我對自己沒有什麼太大的期待，也沒有去想會不會被叫去支援大聯盟，我只希望自己能維持好體能狀態，能在小聯盟熱身賽時有好的表現，然後順利熬到春訓結束都不被淘汰，可以被分發到小聯盟球隊去展開球季就好，不管在哪一個層級都可以。

我注意到小聯盟的體能教練都已經換了一批新人，不是二〇〇七年時我認識的那些，他們很年輕，對我的背景也不是很了解，就是把我當成一般的小聯盟老將在對待；

在體能和跑步上我都照著球隊的規定做，分量對我來說算是很輕鬆的，但是到了重量訓練的時候，我就照著我自己的方式，做我習慣的那些訓練內容跟分量。

我記得春訓開始幾天，有一次我正在做重量訓練的時候，特別是一個上半身擴胸推舉之類的動作，就有一個很年輕的體能教練急急忙忙從重量室另一邊跑過來，很嚴肅的跟我說這個動作還有我所做的那個重量度，都是球團禁止的，投手絕對不該做這些動作，他不能讓我繼續做下去。

我當時把器具放下來，跟他解釋說我就是靠著自己做的這一套重量訓練，才讓我的肩膀強壯起來，在五年之後可以重新投球，我也告訴他如果有什麼問題的話我願意自己負責，但是他完全不想聽，他告訴我說球隊的政策就是這樣，投手不能做這些訓練，如果我不配合的話，會讓他無法跟球隊交代。

我想了想，覺得應該沒辦法說服他，只好往治療室裡面去，想找看看治療室裡有沒有我還認識的醫療人員；以前的我幾乎每天練球前後都會到治療室去，不管是冰敷、電療、按摩、超音波，總是要接受一些治療才會覺得自己舒服一點，但是這次重返美國職棒，我一直刻意避開治療室，直到那一天才是我第一次踏進去。

我找到小聯盟體能訓練的總監，剛好他是我唯一還記得、二〇〇七年就已經在球隊的醫療人員，我告訴他我面臨的這個狀況，我不想給任何人帶來困擾，但是這些重量訓練的內容對我來說很重要，我希望他能通融一下，讓我照自己的方式繼續這些訓練。

體能總監笑了一下，說那位教練肯定是太年輕了，所以不知道我的資歷，他立刻和我一起回去重量室，告訴年輕體能教練說我是曾經上過大聯盟的選手，可以做任何我想要做的訓練，球團不需要干涉；年輕體能教練的反應看起來有一點不服氣，好像覺得我只是不懂裝懂而已，但是在那之後他就沒有再打擾我，我猜他心裡大概覺得隨便我去亂做沒關係，反正像我這樣的臭屁選手一定很快就會滾蛋。

後來沒有多久，我居然就被叫去支援大聯盟的熱身賽了，也是早上剛到球場休息室準備換衣服的時候，就在告示板上看到我的名字，說是直接帶隨身物品到停車場集合就好，原來那是一場對克里夫蘭印地安人隊的客場比賽，我們是先坐巴士到對方的春訓基地才開始熱身；我在賽前傳接球的時候就覺得自己狀況特別好，肩膀活動感覺很有力，很可能是我從前一年六月開始訓練以來狀況最好的一天。

那一天被叫來牛棚支援的投手特別多，投手教練在賽前就告訴我們說他沒有一定的計畫，所以每個人都有上場投球的可能，投球的局數長短也要看情況決定，大家都要有心理準備；比賽一開始都還好，但是等到先發投手下場休息之後，我們牛棚裡就開始熱鬧起來了，大家都輪流開始活動，然後每一局都有變動，教練幾乎都是隨機叫投手準備，換投的時機也常常出乎大家意料之外，我心裡想或許這就是現在春訓的調度方式，只能跟著隊友一起活動、練投，盡量把自己的身體保持在發熱的狀態。

後來印地安人隊攻佔上壘包，牛棚電話馬上就又響起，叫我要開始熱身，要有上場解決危機的心理準備；那天我的狀況真的是非常好，牛棚裡站上投手丘才投了幾球就覺得整隻手臂已經熱開，上一次有這種感覺可能要回到我二十幾歲的時候，我一邊練投一邊看著場內情況，突然教練就決定換我上場了。

場上的狀況是一人出局一一，壘有跑者，那是我五年來第一次站上職棒的投手丘比賽，而且還是面對大聯盟的打者，我連緊張都來不及緊張，只投了一顆直球，就以雙殺化解了對方的攻勢；當下我有點錯愕勝過高興，因為我心裡想著的是，該不會就只讓我投這一球吧？

我回到休息區跟大家擊掌完，投手教練看了我一眼就說「再投一局吧！」我當然說好；結果下一局三上三下，我以為這樣應該下班了，想不到回到座位上投手教練還是同樣一句「再投一局吧！你可以的。」

我想想自己這麼久沒比賽，又難得有這樣的機會，誰知道還會不會有在大聯盟投球的機會，就算是春訓也好，就繼續投下去了；還好接下來也順利完成任務，所以復出之後第一次在大聯盟春訓出賽，我就投了二又三分之二局，只被打出一支安打，還送出三個三振。

比賽結束之後，投手教練告訴我說以後這就是我的定位，我不一定會只投一局，但是工作量還不能算是長中繼，所以希望我要有心理準備，也要在體能上繼續加強；對我來說，我反正沒有什麼選擇，不管球隊要給我什麼樣的任務，我都只能接下來，努力把它做好而已，因為做不到的下場就是被淘汰，後面還有很多人在排隊等著。

回到春訓基地看了比賽的重播片段，我才知道我的球速有投到九十五英里，差不多和在澳洲的時候一樣，而第二天我的身體也沒有因為比賽的工作量而有特別不同的痠痛，那時我就知道我的肩膀應該可以繼續承受這樣的訓練方式；有趣的是那位年輕體能教練對我的態度突然有了一百八十度的大轉變，不但過來恭喜我說在轉播上看到我，還不停問我說怎麼可以丟到這麼快，誇獎我投得很好，還三振了誰怎樣怎樣的。

我一邊繼續做著我的重量訓練，一邊隨口跟他聊著天，聽他說在看了我的比賽之後，才特別上網去搜尋我的資歷，他到那時候才真的相信原來我以前真的是大聯盟選手，而且還曾經是球隊的重點新人；他還說他不知道原來我年紀已經那麼大了，他以為我只是短暫上過大聯盟的浪人選手，所以才覺得我不該那麼自以為是。

如果是年輕時的曹錦輝，那時我可能已經會因為被人看不起而發脾氣，但是當下我只覺得這些都是上天給我的考驗，而且對方也沒有什麼非要好好對待我的理由，所以我沒有再多說什麼，只是笑著跟他說，「對，我真的很老了，你不用太擔心，沒關係的。」

我記得郭泓志跟我說過，他在聖地牙哥教士隊嘗試復出的那一年春訓，他到治療室的時候就乖乖和其他小聯盟選手一樣在白板上面簽到，然後坐下來照著順序等治療師幫忙；但是治療師一看到他的名字，馬上就把他請出來，告訴他說上過大聯盟的選手是不需要等的，而且他還是打過明星賽的選手，更是第一優先。

美國職棒就是這樣一個以實力換取待遇的世界，你達到過一定的成績，有過一定的成就，這個圈子對你就會有同樣程度的尊重，郭泓志在教士隊春訓可以獲得那麼好的禮遇，就是因為他多年來在大聯盟的好表現，我在道奇隊的時候並沒有得到這樣的禮遇，但是這些比賽之外的事對我來說也沒有那麼重要；能夠再度得到在美國職棒接受訓練的機會，就已經是最好的禮物，只要我能有空間能做好上場投球的準備，其它的一切對我來說都只是必須經歷的過程而已，是好是壞都沒有關係。

距離第一次上場比賽沒有幾天，我就又被叫去支援大聯盟的熱身賽，這次我對西雅圖水手隊投了一又三分之二局沒有失分，後來球隊就開始常常叫我上去待命；那時我心裡就猜想教練們是不是要看看我什麼時候會被打爆，還是我的右手臂會不會掉下來？但是我能做的就是繼續照著球隊的要求出賽，繼續接受這些考驗。

到了春訓後期，我就知道我的手臂狀況沒有一開始那麼好，已經出現疲勞的狀態，速度也沒有前兩場比賽時那樣穩定；我自己知道這是可以預期的，畢竟已經太久沒有面對固定比賽的壓力，面對的又都是大聯盟等級的打者，但是心裡還是會覺得有點可惜，會想說自己是不是哪個地方沒有做夠，才會這樣球季還沒開始就已經有了疲勞感。

我知道我的年紀和傷痛史不可能讓球隊很放心的把我放在大聯盟，所以春訓前訂下的目標就是希望能順利完成春訓，然後以健康的狀態展開小聯盟球季；很意外的是道奇隊讓我一路跟著大聯盟球隊回到洛杉磯，到春訓最後一場熱身賽打完了才放我去小聯盟報到，我猜想他們一直都在測試我的極限，想知道我對球隊到底還有多少價值，這對我來說這已經是最大的肯定。

春訓的最後一場熱身賽照例是洛杉磯的高速公路之戰（Freeway Series），由道奇隊出戰位在同一條五號公路上的洛杉磯天使隊，我在比賽前就被告知，因為我還不是四十人名單上的選手，所以已經幫我安排好賽後就直接搭機到小聯盟球隊去報到；教練告訴我說要我在三A待命，只要能繼續有穩定的表現，隨時就會有上來大聯盟支援的機會。

我從洛杉磯搭機到三A的奧克拉荷馬市（Oklahoma City），我在球場的休息室走了一圈，卻一直找不到我的置物櫃，過了一下休息室經理看到了，才急急忙忙過來跟我說，球團在名單安排上臨時做了些改變，現在要先將我送去二A；當下我真的是有點錯愕，因為我人已經到了三A，結果卻發生這樣的事，不過還好二A所在的塔爾薩市（Tulsa）距離並不遠，球團幫我安排了司機，大概兩個小時左右的車程就到了，我還趕上了當天的練球。

當我聽說我必須要去塔爾薩報到，而且球隊的決定來得那麼突然的時候，我其實並沒有不高興，反而有一種很奇妙的感覺，心裡覺得這是不是也是上帝的安排？當年我還在洛磯隊的時候，塔爾薩剛好就是洛磯隊的二A城市，二〇〇三年我在那邊投出小聯盟生涯最好的成績，然後就直接被升上大聯盟了。

從我在臺灣接受測試開始，到後來去澳洲、差點去墨西哥、到春訓時支援大聯盟，一直到現在在小聯盟二A開始我的球季，這一切都太不可思議了；我一直告訴我自己，再怎麼樣的驚奇都沒有關係，都不需要有任何負面情緒，因為一切都是最好的安排，只要我能夠保持健康，繼續順利投球就好。

那時覺得很平靜，覺得從二A開始我的球季，那就是上帝要我走的路，也是祂要我面對的挑戰。

塔爾薩被換成道奇隊的二A之後，球場也跟以前洛磯隊的那座球場不一樣了，感覺很新，所以我告訴自己趕緊安定下來，把這當成是一個全新的開始，但是很有趣的是，那位在春訓時糾正過我的年輕體能教練剛好也被指派到二A；所以人生就是這麼巧，我從春訓一開始和他有一點小誤會，結果春訓結束分發到球隊去，還是碰到他當我的體能教練，但是他後來一直都對我很客氣，偶爾也會跟我討論我與眾不同的重量訓練，給我一些意見。

球季一開始的時候，牛棚投手們都還沒有固定的角色，球隊也沒有指定的終結者，大家都是照著教練的指派輪流上場，我很確定自己是球隊上最老的選手之一，不過好像也沒有人太在意，大家都是把自己份內的工作做好而已；球季開幕戰我就上場投球了，那場比賽我表現得並沒有很好，三振了兩個打者，但是也被打了一支全壘打失兩分，還好最後球隊贏球，大家都很高興。

扣除春訓的熱身賽不算，我已經超過五年沒有正式比賽了，而且現在這個是美國職棒的球季比賽，每一場比賽都關係著我這些年輕隊友的未來，我處在這樣的一個環境裡，覺得自己好像也變年輕了，好像自己也找到了一些當年剛出國時的那種新鮮感；但是也因為這樣，所以一開始我並沒有很進入狀況，反而有點像是一個旁觀者，上場投球的時候也不夠專注，不是一個稱職的好投手。

在第一場比賽被打出全壘打之後，第二次上場比賽我只想著要壓制打者，想要證明前一場比賽只是我表現失常，我其實還有足夠的能力解決對手，也可以對球隊做出貢獻；但是因為那天我的狀況並不好，所以一連投了幾個保送，而對手一上壘就發動盜壘，讓我的隊友們很頭大。

在重回美國職棒的這段路上，我練了體能、加強了重量訓練，也讓我的投球內容得到球探和教練們的賞識，但是我最沒有辦法練習的就是球場上對比賽狀況的熟悉度；我站上投手丘就一心只想著要解決打者，當打者上壘之後，我就忘了他的存在，連看都不去看，只急著想投下一球，想要解決下一個打者，所以對手當然就把握住機會一直盜壘。

一連兩場比賽都失分，確實讓我有點懊惱，因為我當然希望自己能有好表現給教練看，讓他們知道我的能力是可以幫助球隊的；如果我連牛棚投手最基本的工作都不能做好，反而每次上場投球都失分，那我知道我一定很快就會被球隊淘汰。

這兩場比賽的挫折讓我定下心來重新思考，也重新整理了我對這次復出的心態，我告訴自己要回歸到投手職責的基本面，把最簡單的事情都先做好，之後才能慢慢進步；接下來的兩場比賽我都是以終結者的身份上場，也順利結束比賽，所以四月還沒有結束，有一次我們還在客場比賽的時候，我就突然被升上三A了。

那時覺得自己離大聯盟又進了一步，但是高興沒有多久，我到三A大概一個星期左右，就覺得手肘背面非常痛，痛到幾乎無法移動，於是就被球隊放上了傷兵名單；我不知道有沒有受傷，但是手肘關節不管是彎曲或伸直，只要一移動就痛得不得了，更別說是要投球了，於是我打電話給我的經紀人張嘉元，我問他說：「我的手完蛋了，現在要怎麼辦？」

我從前一年的六月開始鍛鍊，一直投到現在五月，身體已經緊繃著幾乎一整年，我覺得自己已經盡了力，如果真的只能走到這裡，那也只能說是上帝的安排；但是張嘉元鼓勵我，叫我不要擔心，他說上帝不會帶我一直走到這裡，卻突然又把我丟下，事情一定還會有轉機的。

以我對美國職棒的了解，我知道如果我繼續待在傷兵名單上，不能再對球隊做出貢獻，不用多久我就會被解約；像我這樣的年紀和資歷，外面有太多類似的資深投手想要爭取合約，獨立聯盟也有很多在等著，不能用了就直接換一個，球隊不會願意花時間把我養在傷兵名單上。

經過了幾次開刀和復健、還有這一年多來的鍛鍊，我算是對自己的身體狀況非常了解，從春訓到球季開始到現在五月中，手臂累積下來的痠痛已經影響到我的球速，也讓我的控球出了問題，連之前最拿手的切球也投不太出來；但是說也奇怪，被放上傷兵名單的第二天，防護員開始給我最普通最常用的消炎藥居然極度有效，不到一天我的手臂就開始消腫，用力打直的痠痛感也大幅減輕，接下來到第三天我就開始練投，身體的反應都非常好，消炎藥的效果也繼續發揮，我感覺自己手臂的狀態幾乎回到了春訓初期那麼好，連防護員都覺得很意外。

在被移出傷兵名單之前，我必須在牛棚練投一次，讓教練團確認我的狀況，才能決定是否將我放上出賽名單，但我心裡知道這其實就是我的期末考，如果我不能證明自己已經恢復健康，我很可能就會被解約；結果那次牛棚我的狀況好得不得了，投起球來真的是得心應手，不但球速有投出來，變化球也掌握得很好，所以球隊在傷兵名單期限一滿就把我放回出賽名單，讓我一起出發去拉斯維加斯比賽，而且客場比賽第一場就派我上場。

那一場比賽我延續著牛棚的手感，在熱身的時候心裡就覺得跟春訓第一次支援大聯盟的時候一樣，我多希望這場比賽也是在大聯盟，可以向大家證明我的能力；那種感覺對一個受過傷的老投手來說，真的是可遇不可求，因為我也沒有把握這輩子還能不能再碰上一次那樣的狀態，上了場輕輕鬆鬆三上三下解決對手，球速快到連我自己都覺得一定很快。

那局比賽我投完，回到休息區坐下來時剛好碰到防護員，我還把他拉過來小聲問他說，「這幾天你給我的那個消炎藥是合法的嗎？」結果防護員瞪大著眼睛，一掌拍在我後腦勺上叫我閉嘴，反而是周圍的隊友哈哈大笑，每個都跟防護員開玩笑說他們也要那種消炎藥。

在那場比賽之後，我就很穩定的在牛棚裡有了一個位置，固定照著一定的比賽狀況上場投球，大部分的時候都是第八局的佈局投手，有的時候也會臨時有不同任務，完全都看投手教練安排。

和我年輕的時候不一樣，這一次回到美國職棒，我對於我自己上場的表現沒有以前那麼患得患失，我把每一次上場都當成是最後一次投球，全力以赴把自己準備好的力量全都發揮出來，也不再擔心自己如果被打爆了，是不是就會被解約；現在能夠走到三A，算是到了大聯盟的門口，我知道自己已經付出了全力，如果真的在球場上被證明我已經技不如人，無法再在這個環境裏競爭下去，那我就會很甘願的打包行李回家，一點也不會覺得遺憾。

唯一會讓我擔心的是我的體能狀態，也就是我的手臂，我擔心舊傷復發，也擔心突如其來的痠痛會讓我這一整年的準備無法得到發揮，我不在意自己全力以赴的時候在球場上被人打爆，但我擔心自己因為傷勢痠痛而無法上場，被無形的敵人給擊倒；在那個時候我就特別能體會郭泓志跟我說過，我們這些傷癒復出的投手最害怕的，就是永遠不曉得哪一顆球投出去之後，就會是我們人生的最後一球，投出去之後就什麼都沒有了，所以我每一次站上投手丘雖然是全力以赴，但是心裡還是會有陰影。

如果因為傷勢而不能發揮自己的實力，不能讓大家看到我現在的實力，甚至因為受傷而被解約，那我真的會遺憾一輩子；我一直感覺到自己在跟時間賽跑，傷勢、痠痛、年紀，還有運氣，通通都在後面追著我跑，很可能哪一天我一鬆懈，它們就會撲上來把我吞滅，從此這個世界再也沒有我這個人。

七月初有一天，我記得很清楚是七月八號，我們要出發去外地比賽，球具和行李都已經在前一天先上了卡車，所以我們都是帶著個人隨身行李就到球場集合；那天我到得特別早，球場都還沒有什麼人，所以我就待在球員休息室裏面，準備等出發時間到了再出去上車。

我們的球員休息室裏面手機是沒有收訊的，所以我的手機一直沒有響，我只是隔一段時間會看一下時間，注意距離出發還有多久而已，結果突然就聽到防護員從外面大呼小叫的衝進來，我聽到他在喊我的名字，「曹錦輝！曹錦輝！你躲在哪裡！」

我以為是大家要出發了，但時間還早啊！結果防護員直直衝到我面前問我說，「你都沒有接到電話嗎？你幹嘛不接電話？上面一直問我你到哪裡去了？」

我那時其實已經有點在打瞌睡，所以突然被他驚醒，反應還是有點遲鈍，我很無奈的說，「我一直坐在這裡啊！休息室裡面沒有收訊你又不是不知道。」

防護員比起我真的是激動多了，他幾乎是大喊著說，「你沒有收到禮物嗎？很大的禮物，超級大的禮物，你沒有收到嗎？」

我真是被他問得一頭霧水，不知道他在說什麼，他看我滿頭問號的樣子，就直接把我拉到外面停車場，讓我看他的手機簡訊；他也叫我把自己手機拿出來，他說球隊剛剛一直找我找不到，所以才打電話給他，要他趕緊通知我。

我打開手機看到簡訊的時候，真的有眼冒金星的感覺，覺得腦袋裡有「轟」的一聲，我說：「你不要亂搞啊！這種事情不要亂開玩笑，我會生氣的喔！」

從我一到三A報到，從傷兵名單上下來，開始穩定出賽的時候，我就跟防護員說，如果我被叫上大聯盟，我一定會準備一份大禮物給他；所以當下看到簡訊的時候，我的直覺反應居然是，防護員你不要為了想騙我的禮物，就拿這種事亂開玩笑啊！

還好美國職棒大家雖然什麼玩笑都開，什麼惡作劇都有，但是這種跟前途有關的事大家還是很認真；隊友都靠過來恭喜我，總教練也跟我握手，叫我把自己的東西收一收，今天就不用跟球隊一起出發了。

由於大部分比賽用的球具都已經被球隊打包，所以我的行李只剩下手套、一雙球鞋，和一些私人用品，我和另外一位隊友一起出發，飛機到達洛杉磯的時候大概是下午三點多；離開機場時剛好碰上洛杉磯的下班交通，高速公路塞車的狀況還是跟我記憶中一樣，我們根本趕不上球隊的賽前練習，等車子終於開進道奇球場的時候，觀眾都已經開始入場了。

CHAPTER. 10　最後的大聯盟之旅
CHAPTER. 11　告別
CHAPTER. 12　我與追夢者們
CHAPTER. 13　未來，傳承

復圓

第四部

L

CHAPTER. 10

最後的大聯盟之旅

道奇隊的戰績很好，賽前進場的觀眾很多，我們在車陣中慢慢前進，好不容易才開進選手停車場，球場外觀設施看起來都沒什麼改變，要等電梯一直下到地下室，我才發現和八年前比起來，整個選手休息室已經被整修得像是個皇宮一樣；以前的主場休息室只是一個長長的空間，然後兩邊靠牆擺著簡單的置物櫃，但是現在看起來整個球場地下全都被擴張打通，空間寬敞無比，也多了很多新的多功能設施，和以前完全不一樣了。

負責照顧球員的休息室經理還是我記得的那一位，他叫米契．普爾（Mitch Poole），從小就在道奇球場擔任球童，多年來慢慢一步一步晉升到主場休息室經理；他曾經多次隨道奇隊出國照應選手，也和美國職棒大聯盟明星隊到過臺灣，是一位經驗豐富也非常風趣的人。

我和一起上來的三A隊友都是來到全新的休息室，米契跟我們一一介紹浴室、餐廳、治療室，還有健身室的位置，其他還有裝備室、媒體室、影像中心、室內牛棚、打擊練習區等等，我們記都記不住；然後米契領著我到我的置物櫃，親手拿出大聯盟球衣給我，他說，「你還記得春訓的時候，我說過等你上大聯盟，我會幫你準備一件特別的球衣嗎?這就是了。」

我接過球衣，上面寫著我的名字 TSAO，號碼是四十四號；米契問我記不記得這個號碼，我說我當然記得，這是二〇〇七年我在道奇隊大聯盟的時候，隊上終結者齋藤隆前輩的球衣。

那年在道奇隊的投手陣中，有我、郭泓志，還有齋藤隆前輩三位亞洲選手，齋藤前輩非常平易近人，對我們非常好，也常常與我們開玩笑鼓勵我們；他最常跟我們說到自己來美國時並不被看好，必須從小聯盟開始，但是他持續努力，第一年就入圍新人王，還以終結者的身份入圍賽揚獎，表現大大超乎大家的意料之外。

米契說：「這件四十四號球衣我從春訓就故意收起來，就是要留著等你來穿，我希望兩個四（Four）可以為你帶來好運（Fortune），但是更希望你可以和齋藤一樣，為這個號碼帶來榮耀。」

當下我真的不知道該怎麼形容心裡的那種感動，只覺得說，怎麼會有這麼用心、這麼美妙的一個安排？

我從前一年開始訓練，雖然身邊一直有朋友陪著我、鼓勵我，但是他們其實並不懂美國職棒，而經紀人也有其他球員要照顧，沒辦法只專注在我一個人身上，所以我在這條路上是有點寂寞的，碰到瓶頸也只能自己想辦法堅持過去；米契的這幾句話和他的用心都讓我覺得溫暖，也感受到原來我的努力有人默默在關心，也默默花了心思去為我做準備，真的很讓人感動，那是我在決定嘗試復出之後，第一次真正感覺到說，「啊！原來我也是大聯盟選手的一份子呢！」

在大聯盟的前兩場比賽，先發投手的表現都非常好，第一場的先發投手是當家王牌克雷頓．柯蕭（Clayton Kershaw），他是二〇〇八年上到大聯盟的，所以前一年我在道奇隊牛棚的時候沒有碰到過他；這是我第一次近距離看到他投球，他投得非常好，是一場完封，看到他對變化球的掌控還有在投手丘上的拚勁，我立刻了解為什麼他這麼年輕就成為道奇隊的王牌投手。

第二場的先發投手是柴克．葛蘭基（Zack Greinke），他也封鎖了對手八局，連續兩場比賽看到道奇隊一左一右兩位王牌投手的優質表現，我們牛棚總共只出動了一位投手上去收尾，其他的人就是盡量在比賽的過程當中觀察對手，同時也找時間自己活動一下，盡量保持球感。

第三天的對手換成是釀酒人隊，先發投手雖然表現很好，但是因為打擊被對方投手封鎖，一直沒有得分，所以我們牛棚很早就開始準備，只要進攻時一有調度，我們就要準備上場投球；到了六局下總教練派出代打時，我就被牛棚教練叫起來準備，我記得我在熱身的時候手臂狀況還好，心情也不緊張，感覺就跟在三A的比賽一樣，唯一的差別就是覺得這一天終於到了，我努力了一年的目標馬上就在眼前了。

牛棚的那扇鐵門推開時，我往投手丘的方向慢跑過去，不曉得為什麼整個周圍是安靜的，我完全聽不到任何一點現場的音樂或是觀眾的歡呼聲，感覺我就像漂浮在一個密封的泡泡裡面一樣；我看到球場中央很亮，就向著那個亮點跑過去，那裏是我最熟悉的投手丘，我站在上面，轉頭看了看周圍看臺上的球迷，突然頭皮發麻、有一種觸電的感覺，這就是我夢裡的場景！

二〇一五年被升上大聯盟的第一場比賽，跑向投手丘的路上感覺自己飄浮在半空中。

就在感覺被電到在那一剎那，突然各種吵雜的聲音就一下子從四面八方對著我湧過來，我一邊熱身，一邊就聽到現場播報員在廣播打者的名字，我聽到隊友在對我喊聲，甚至還聽得到觀眾席上小販在叫賣，還有球迷在討論這個周末要上檔的電影，好像什麼都聽得一清二楚！

這就是大聯盟的球場，那種全世界都在圍繞著你的感覺，我一輩子都忘不了。

釀酒人隊算是一支蠻有緣

份的隊伍，我記得他們的實力一直就是還不錯，有時候會比較強，就有打進季後賽的機會；二〇〇三年我第一次上到大聯盟時，第一場先發就是碰到他們，我投了六局多拿到勝投，想不到這次我回到大聯盟的第一場比賽又遇上他們。

我上場的時候，我們落後對手密爾瓦基釀酒人隊兩分，我一共面對四位打者，被打了兩支安打，但是捕手幫我抓到對方盜壘，所以一共投了十球，最後用一次三振順利完成三出局。

我投完第七局下來，大家上來跟我擊掌，投手教練也過來跟我握手，我就知道任務結束了，下一局會有新的投手接手，當下我的心情很輕鬆，覺得自己的第一場比賽雖然有被打出安打，但是表現應該還算是令人滿意；外野手安德烈．伊席爾（Andre Ethier）最後一個過來跟我擊掌，他把我的手抓住，然後很自信的跟我說，「放心，我們會幫你拿到勝投的。」

聽到他的話我愣了一下，因為那場比賽他並沒有先發，一直是在休息區休息的，結果兩出局之後我們連續兩個打者上壘，就看到他拎著球棒上去代打，我才知道原來總教練早就決定是由他來代替我打擊；他一上去就擊出一支安打，把跑者都打回來得分，也把比數追成二比二平手，下一棒打者又是一支安打，伊席爾拿下第三分，回到休息室他很得意的給了我一個眼神，好像就是在說「我沒騙你吧！」

這次回到道奇隊，伊席爾是唯一一位在二〇〇七年就曾經和我同隊的隊友，其他的有些當年還在小聯盟，有些則是後來才簽約進來，只有伊席爾認識我，結果我回到大聯盟的第一場比賽就得到老朋友的幫忙，而且還很神奇的說到做到，和我一起幫球隊反敗為勝，這種感覺真的很好；那場比賽我們就以三比二擊敗釀酒人隊，我還因此拿到勝投；我生涯的第一場勝投是這支球隊，離開大聯盟這麼多年之後，重新回來的第一勝也是這支球隊，我只能說如果真有棒球之神的話，這樣的安排確實有點奇妙。

我在大聯盟待了兩個多禮拜，表現應該算是還可以，球速、控球都算讓人滿意，可惜球隊都沒有贏球；然而等到月底去紐約大都會隊的一場比賽，那我就真的是被打爆了。

我對那場比賽印象深刻，因為我記得在牛棚的時候就已經有點控制不住投出去的球，只能勉強把球像推的一樣送出去，這樣的表現當然沒辦法應付大聯盟的打者，連對方投手上場打擊我都解決不了，讓他打出安打把跑者送回來得分；我只勉強解決了兩位打者，但是被打了兩支全壘打在內的七支安打，一共丟了六分，最後球隊是以二比十五慘敗，賽後我就被下放回三A去，結束了我的大聯盟之旅。

在第一場對釀酒人隊的比賽之後，我的手肘就開始有痠痛感，但不是在曾經開過Tommy John 韌帶置換手術的部位，而是在手肘的背面，我以為那是在高張力比賽之下所產生的疲勞，都是靠著額外的伸展來緩解這些症狀，偶爾受不了的話就會吃一點止痛藥；手肘的痠痛連帶也造成了前臂偶爾的緊繃，反而是我一直擔心著的肩膀卻是都保持著健康，沒有帶給我任何困擾，我一直都以為我的肩膀會是一個未爆彈，但是我想我所加強的那些重量訓練確實強化了我的整個肩膀，或許也因此減輕了在投球時所產生的壓力。

在春訓時我一直努力著的目標，就是在心裡不停的告訴自己，只要能再讓我回到大聯盟的球場比賽，只要一天就好，只要一天我就會很滿足了，但是在道奇隊我得到了接近三個禮拜的機會；我跟著球隊去了亞特蘭大、華盛頓，還有紐約三個不同的球場投球，五場比賽的表現雖然有好有壞，但是我努力過了，也付出了全力，沒有對不起上天所賜給我的一切。

回想起那兩三個星期，特別是到外地比賽的時候，每天住在五星級飯店的單人房，出入都有球隊工作人員的接待，所有的餐飲和交通也都是最高檔最舒適的，我真的有一種得來不易的感覺，分分秒秒都覺得要珍惜、要心懷感謝；二〇〇三年我第一次升上大聯盟的時候，可能有點覺得理所當然，覺得一切都是自己努力換來的，自己本來就應該在那個位置，但是這一次的感覺完全不一樣，我每天醒來都告訴自己說這太不可思議了，我居然還在這裡，居然還能和這些頂尖高手同場競技，還能享受到這些大聯盟球員專屬的待遇。

回到三A之後沒有多久就是七月底的交易大限，道奇隊換來了幾位新的選手，也因此必須把四位選手移出四十人名單，而我就是其中之一；球隊告訴我說可以選擇成為自由球員，或許會有機會在其他球隊上到大聯盟，但是我很感謝道奇隊在年初給我的機會，也很習慣了球隊的運作，於是就直接接受了小聯盟的合約，繼續留在奧克拉荷馬道奇隊，沒有去嘗試接觸其他球隊。

八月的時候王建民到奧克拉荷馬市來比賽，他那時是在西雅圖水手隊的三A，正在嘗試想再回到大聯盟，我上一次親眼看到王建民投球是在二〇〇四年的雅典奧運，所以那天雖然人在牛棚，我還是把握了機會注意他在球場上的表現；但是我印象最深刻的，其實是那天不管他走到哪裡，都有好幾個攝影機跟著他在拍，我和隊友都在猜說到底是怎麼回事，後來我才知道原來是有一個製作團隊在拍攝他的紀錄片。

我們球隊的戰績是非常好的，一直都是全聯盟第一，但是王建民在那場比賽完全壓制我們球隊的打者，只被打出三支安打沒有失分，完投完封，表現就跟他在大聯盟時一模一樣；那天雖然他的球速只維持在九十三英里左右，但是完全掌握住他球路的優勢，表現就像是一個真正的大聯盟先發投手，我和隊友都覺得他應該很快就會被升上去。

他和我受的是一樣的傷，開刀動的也都是肩膀關節唇的手術，看到他能夠成功回到投手丘上投球比賽，而且還投得那麼好，對我來說也是一種激勵；那時我剛剛才從大聯盟下來沒多久，看到他那麼努力在嘗試，我完全可以理解那種煎熬，也很佩服他的勇氣。

我以為九月一到他就會被加入擴編名單，也對我自己很有信心，結果我們兩個都沒有被升上大聯盟；奧克拉荷馬道奇隊是三A太平洋聯盟的分區冠軍，但是季後賽第一輪就直落三輸掉，我在最後一場比賽的第九局上場，沒有失分，下半局我們反攻失敗被從季後賽淘汰出局，結束了三A的球季。

我回到美國職棒的第一個球季，就這樣結束了；我有一種突如其來的失落感，並不是因為沒有被升上大聯盟，而是心裡覺得好像還沒準備好，好像有什麼事情還沒有完成，這個球季就突然結束了。

這一整年球季我從二A出發，進過傷兵名單，也上到大聯盟，但是在這一整段過程中，我的體能鍛鍊和重量訓練都沒有停過；球季結束的時候我不覺得累，反而覺得自己身體的狀況很好，手臂也很健康，還能再投下去沒有問題，只是可惜已經沒有比賽了。

一整年不多不少，在小聯盟剛剛好投了就是四十四局比賽，是巧合嗎？也許。

我從二〇一四年六月開始訓練，一整個冬天都沒有停，直接就銜接到二〇一五年的球季，現在球季結束了也不覺得累，既然是這樣的話，我反而擔心如果我因為球季結束就放鬆下來，明年春訓之前我都沒有把握還能不能把體能狀況調整回現在的狀態，所以我請經紀人張嘉元開始聯繫，幫我安排去加勒比海打冬季聯盟。

我從來沒有在球季結束後再去比賽的經驗，以前我聽隊友描述過冬季聯盟的賽事，我知道那是一個等級很高、有很多大聯盟選手參加的比賽，而且每年過完新年才結束的加勒比海大賽，更是一個媲美世界大賽的高水準季後賽，我很期待能有機會參加這樣的賽事。

那時道奇隊已經提出條件要和我續約，是小聯盟的合約，但是會邀請我去參加大聯盟春訓，而不是像之前只是以小聯盟選手的身份去支援，意思就是說從春訓一開始，我就可以完整享受到大聯盟選手的待遇，也得到一個競爭四十人名單的機會，這是非常誘人的條件；但是道奇隊不希望我參加冬季聯盟的賽事，他們認為我之前有五年沒

回歸的第一個球季，在小聯盟投了剛好四十四局的比賽，如我的背號一般，或許是巧合，但我更相信是一種旨意，提醒我盡全力拚搏，一切終有回報。

有投球，今年這樣的工作量已經足夠，而且一整年高張力比賽對手臂造成的壓力，也需要靠時間來緩解，不應該再因為參加冬季聯盟的比賽而繼續緊繃下去。

張嘉元也不建議我去打冬季聯盟，因為冬季聯盟整體的競賽環境比不上美國職棒，不管是墨西哥還是多明尼加，對我來說都是一個陌生的環境，他擔心我在參賽期間未必能得到足夠的醫療照顧，對我的手臂會有額外的壓力，他希望我接受道奇隊的條件，然後回臺灣好好休息。

我過去曾經被邀請去打冬季聯盟，但是那個時候年輕，球季結束只想要趕快回去臺灣和家人團聚，所以一直沒有嘗試過；這次重返美國職棒，一切的經驗都是新的，都是人生的第一次，我考慮再三，一方面是不想停下來休息，另一方面也覺得如果這次不去冬季聯盟，非常有可能這輩子就再也不會有這樣的機會，所以我還是請經紀人趕緊幫我安排；然而也因為這個決定，道奇隊立刻就撤回了他們的合約，我變成了一個明年沒有球可打的自由球員，只能試試看能不能靠在冬季聯盟的表現來得到一些機會，說不定如果表現夠好，也許能拿到一張大聯盟合約也說不定。

當然，最大的風險就是如果我在冬季聯盟表現不好，甚至因為受傷而再也不能投球，那我的職棒生涯就會真正的結束，但是在當下我真的只想繼續投球，也對這一年多來所發生的一切感到滿意；我很感謝道奇隊給過我的機會，我也接受不管之後發生什麼，就算明年沒球可打，我都可以很認真的告訴自己說，為了我的棒球夢，我盡力了。

於是在經紀人的安排之下，我得到機會加入位在多明尼加首都聖多明哥市（Santo Domingo）的艾斯科吉多雄獅隊，在十一月底就飛往多明尼加報到了；冬季聯盟比賽的競爭性和整體實力都比我想像中還要高，有許多的大聯盟選手在球季結束之後，都會直接投入冬季聯盟的賽事，所以整個聯盟的實力可以說比我一整年出賽的三A還要堅強，這對我來說是一種不一樣的挑戰。

每一場比賽都會碰上幾乎等同大聯盟的打線，有點像是明星賽的感覺，而且一次就會同時遇到美國聯盟和國家聯盟球隊的打者，他們都非常難纏，而我只能盡情享受那種對決的過程，那是我從來都沒有感受過的對戰經驗；冬季聯盟賽事的觀眾人數並不多，有點像是美國小聯盟的比賽，或是臺灣球季賽事一樣，硬體環境和設施也沒有很好，比起臺灣都相對破舊一些，但是或許因為是回到家鄉比賽，這些大聯盟選手表現出來的是一種不一樣的輕鬆，而且都非常享受這種不同的比賽氣氛。

原本我以為這些大聯盟選手會把冬季聯盟當成度假，在態度上會鬆懈一些，但是其實他們對比賽的態度是一樣的認真，就跟在大聯盟的正規球季一樣，每一場比賽都是戰戰兢兢、很認真的在打；有些我原本以為已經退休了的大聯盟選手，後來發現他們都還是繼續在家鄉的冬季聯盟比賽，這才是他們真正的球季，他們都是全力以赴的！

我最意外的收穫，就是發現原來我堅持一整年不休息的鍛鍊方式並不稀奇，因為大部分這些優秀的拉丁美洲選手都是這樣；我們常常覺得美國職棒的選手在球季結束後會先休息一段時間，然後再開始自主訓練為春訓做準備，但是這些拉丁美洲選手卻是一整年持續不停的比賽，從美國職棒球季到冬季聯盟球季，一直到加勒比海大賽結束之後，立刻就銜接到大聯盟春訓，就跟我在嘗試的調整方式很像。

我想如果我年輕的時候來打冬季聯盟，我一定感受不到這種對棒球的熱愛，但是現在的我是一個受過傷、開過刀的老將，有好幾年的時間連站上棒球場的資格都沒有，對於這個失而復得的比賽機會我真的特別有感觸；很多這邊的老將都讓我覺得，他們把棒球當成是一生的志業，堅持著要一直打到再也打不動為止，而且即使沒辦法比賽了，還要堅持著做教練、在球場幫忙，或是在社區指導等等，一輩子都離不開棒球。

我在冬季聯盟投了大概十局，我記得幾乎都沒有失分，大概幾場比賽之後就有球隊的教練問我有沒有經紀人，而且他們很驚訝我居然還沒有明年的合約，有幾位教練甚至要幫我推薦球隊；那時我也對自己的表現還算滿意，覺得今年一整年除了經歷過大聯盟的挑戰之外，冬季聯盟的經驗對我也是一種不一樣的考驗，我很高興自己能夠交出一份讓人滿意的成績單。

在冬季聯盟之後，我更加堅信自己持續鍛鍊的決定是對的，所以後來回到臺灣我都一直持續著同樣的訓練分量，不管是體能、重量訓練，還是傳接球，都沒有停下來過；這個決定也讓我的生活維持簡單和低調，每天的行程都很一致，就是維持鍛鍊，然後偶爾跟朋友見見面而已。

那年的自由市場有很多優秀的投手，而我即使是在冬季聯盟的表現還算可以，但大部分球團都還是對我的年紀和傷勢有疑慮；我們等了很久，唯一等到的就只有道奇隊再度提出的小聯盟合約，而且還取消了大聯盟春訓的邀請，一切條件就和二〇一五年完全一樣，我就是一個小聯盟球員。

春訓報到的時候，小聯盟主管特別過來和我寒暄，臉上表情有點不懷好意，大概是因為之前的合約有邀請我參加大聯盟春訓，我為了去打冬季聯盟而拒絕，結果現在回到道奇隊就沒有那樣的好處；小聯盟主管話說得很客氣，歡迎我回到道奇隊，但是表情好像就是在說「你看看你，白忙一場了吧！」但是那是我自己的決定，所以被酸了一下也只能接受，沒什麼關係。

再一次回到道奇隊，我已經變成大家的熟面孔，這種感覺跟前一年不太一樣，有一種回到家的感覺，春訓結束之後我也直接就被任命為三A的終結者，一切都順理成章；這一次沒有很久，球季開始大概一個月，我就被叫上了大聯盟，我還記得那時在三A我的球速有丟到九十八英里，總教練說我是小聯盟最好的投手。

接到防護員打來的電話時是凌晨，他要我趕快打包行李，因為天一亮要先送我去機場，準備去洛杉磯報到，當時我當然是很興奮，興奮到後來根本睡不著，但是在心裡我又告訴自己說不要高興得太早，因為從凌晨到早上之間有太多變數，隨時都有可能會有後續的電話進來，告訴我說球隊突然改變心意，決定叫另外一位選手上去。

這種半夜打來的電話變數最大，特別是關於投手的調度，過去就發生過有隊友被叫上大聯盟，人都已經到了機場把登機手續都辦好了，結果球隊突然一通電話打來，他又摸摸鼻子回到三A球隊，像什麼事都沒發生過一樣，大家也沒有多問。

但那時候的我對自己充滿信心，我覺得自己的狀況比前一年更好，而且在經歷了一整個完整的球季，以及冬季聯盟的經驗累積之後，我覺得自己在心理層面又有了更進一步的突破，我甚至開始思考自己有沒有可能和冬季聯盟那些資深的選手一樣，繼續打球比賽，一直打到自己都打不動了為止？

上來大聯盟的第一天我就上場比賽，那場比賽我們輸給了洛杉磯天使隊，我只是上來消化第八局下半的比賽，沒有被擊出安打，那時球隊正陷入連敗當中，氣氛並不好，我們都在客場比賽，大家的情緒都有點緊繃。

休息了一場比賽之後，我在對教士隊的比賽中被指派上場，那天比賽進行到延長賽，我在賽前熱身的時候就覺得手有點不舒服，這種感覺在小聯盟的時候也有過，對我來說就是球季的一部分，有時狀況好，有時狀況差，當天就是狀況稍微差一點而已，我以為應該不會有問題。

我是在延長賽的第十一局下半出來投球，但是一站上投手丘開始熱身時，我就知道狀況很差，我的手指尖幾乎沒有感覺，握在手上也完全感覺不到球的存在，我完全不能掌握球的去向，一上來就被打了一支安打，然後好不容易拿到兩個飛球出局，接下來就整個爆掉了；我的控球就整個跑掉，怎麼投都投不進紅中，連想要投好球給對方打也做不到，我連續投了三個保送讓對方擠回一分，我們也因為這樣輸掉比賽。

這是我這輩子第一次連續投出三個保送讓比賽結束，結果第二天我的手臂也結束了，球隊診斷我是前臂拉傷，把我放上傷兵名單要做進一步的診斷和治療；我回到亞利桑那的春訓基地復健，先後打了兩次的高濃度血小板血漿做治療都沒有好轉，後來在八月動手術移除了手肘後面的骨刺，也提前結束了我的球季。

CHAPTER. 11

告別

在動手術移除掉手肘的骨刺之後，我感覺就像是被鬆開了一層枷鎖，這才知道原來過去兩年不時干擾我投球的手肘問題，其實是一塊骨刺所造成的，我非常認真的做著所有的復健課程，除了球隊指定的分量之外，也繼續自己的那一整套訓練，慢慢把強度提升到習慣的那個程度；球季結束之後，和道奇隊的合約也同時終止，但這一切對我來說沒有任何差別，我覺得二〇一七年我還可以再挑戰一次，也很認真的在為新球季做準備。

經紀人張嘉元陸續幫我辦了兩次測試，我也成功把球速提升到九十五英里，對我來說這是一個投球實力的指標，證明我已經從手術復健的狀態恢復，回到了之前比賽時的正常水準；但是很明顯的因為這再一次的手術和復健，已經沒有球團願意再在我身上冒險，因為他們不知道我是不是什麼時候又會再受傷，又要再復建。

春訓開始、球季也接著開始，張嘉元雖然一直積極幫我聯繫，但是我們一直都沒有收到球團的消息，那時我就知道大概不會有什麼機會了；我並沒有特別感到焦慮，因為我完全了解美國球隊會對我的身體狀況有疑慮，也寧可把機會讓給更年輕的牛棚投手，而如果這就是我職棒生涯的終點，我也不會覺得遺憾。

經紀人手上一直都有獨立聯盟的邀請，只要我願意，隨時都可以報到，但是那時我還希望試試看能不能有去墨西哥聯盟的機會，證明我還能投球；後來等到墨西哥聯盟也無聲無息的時候，我才決定接受獨立聯盟的邀請，加入大西洋聯盟的長島鴨隊。

我在大西洋聯盟的第一個星期，手就出現問題了，雖然之前復健和重量訓練都做得很充實，牛棚練投也都一切正常，但那畢竟是在骨刺手術之後第一次真正比賽，加上天氣也冷，所以投完之後我就覺得手肘開刀的部位很不舒服，很痛。

獨立聯盟雖然不像大聯盟那麼健全，但是對球員也是非常照顧，我休息了一個星期，球隊帶我到醫院去做了檢查，讓我做復健，然後配合藥物慢慢讓痠痛的症狀緩解下來；復健的時候我還是一直嘗試投球，每次都告訴自己，如果真的沒辦法再丟了，那就收拾包包回臺灣好了，所以我越丟越用力，結果居然很快就恢復正常可以比賽了。

長島鴨隊的終結者是大衛．阿茲瑪（David Aardsma），二〇一五年我復出加入道奇隊三A的時候，他也是球隊的終結者，所以這是我們第二次同隊；在牛棚的主

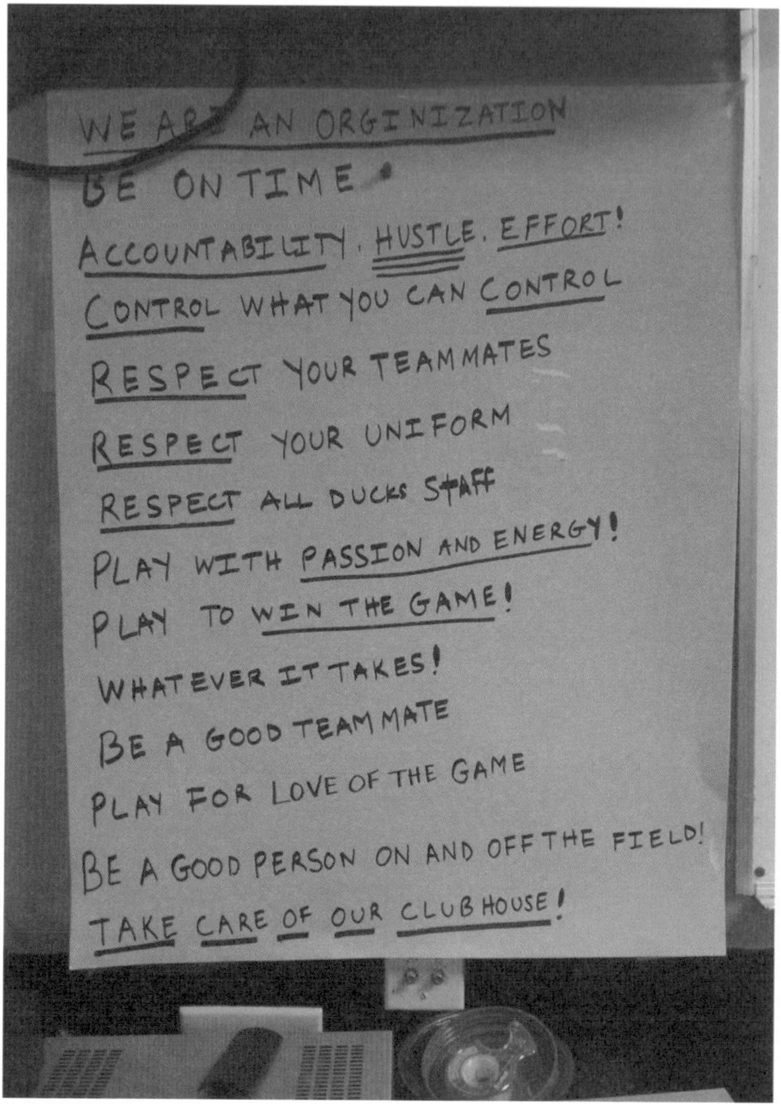

二〇一七年加盟大西洋聯盟長島鴨隊，走進球員休息室只有這張手寫的隊規，最強調的就是尊重（Respect）。

在長島鴨的每一天，我都盡力享受著每一場球賽，但是一次又一次的傷痛，終究令我得面對離開球場的現實，但這一切，我並不感到遺憾。

力裡面，我們兩個大概就是最老的，終結者的角色很快就變成是我們輪流，誰的狀況好就誰上。

接下來的比賽我都投得很順，只要有上場比賽都能順利完成任務，慢慢就開始聽到球隊主管說有大聯盟的球探在注意我，不過對我最感興趣的可能是墨西哥聯盟的球隊；那是一個我還沒去過的地方，而且我從二〇一四年剛開始嘗試復出的時候，就一直想去那個聯盟投投看，所以我很期待那樣的機會。

可是慢慢進入到六月，我的手就又開始出狀況了，而且越來越痛，我每天為了練球都要吞下一把止痛藥，如果比賽中需要上場投球的話，熱身前還要再吞一把；但是偏偏就在我手最痛的時候，我居然就收到了墨西哥球隊的正式邀請，而且墨西哥球隊不知道是怎麼回事，就跟之前在澳洲的時候一樣，他們今天提出邀請就是要我第二天出發，感覺就像是被叫上大聯盟一樣。

這對我來說真的很掙扎，因為這已經是第二次的機會了，我真的不想錯過。

前一年八月我開完刀移除骨刺，九月就開始丟球，我大概花了兩個多月的時間把體能的訓練程度恢復到百分之百，重量訓練的強度也恢復到跟開刀前一樣，然後第三個月為了準備測試就開始丟牛棚，真的是帶著痛開始丟，就這樣一路丟進球季。

在大西洋聯盟從開季時短暫進過傷兵名單之後，我就一直維持正常投球比賽，我也一直持續在做各種復健和吃止痛藥；那時距離骨刺手術還不滿一年，我知道手肘其實還在慢慢復原，但是為了能上場比賽，我真的是能用的手段全都用上了。

在墨西哥聯盟邀請我之前，我已經很長一段時間都是帶著疼痛上場投球，那時心裡都是想著，前幾次這樣痠痛，都是投著投著慢慢就好了，這次是不是也會一樣？但是一連幾場比賽下來，我就開始覺得這一次不一樣，我反而有一種好像整隻手臂空蕩蕩的感覺，好像從肩膀到手指尖都已經不長在我身上了。

再三考慮之後，我覺得自己的手臂很可能負擔不了轉換環境之後的改變，另一方面也擔心如果到了那邊表現不好，會影響到經紀人和長島鴨隊的聲譽，所以最後還是又婉拒了墨西哥球隊的邀請，決定留在長島；那一天我突然有一種很放鬆的感覺，我覺得一個我多年來都想要去投球的地方，這個機會卻一連被我推走了兩次，是不是上天在告訴我什麼？我心裡並沒有覺得遺憾，也不覺得可惜，反而覺得這一切大概都是上天的安排。

現在回頭想想，即使只是移除骨刺這樣的小手術，開過刀的手當然需要時間復原，復原到手臂健康，和復原到手臂可以完全正常比賽，這是兩件完全不一樣的事，更何況是要能在球場上支撐住長期比賽？以我的年紀來說，我想我手術過後確實還需要更多時間來復原，但對那時的我來說，時間真的是奢侈品，測試之後唯一的選項只剩下獨立聯盟，我怎麼能輕易放棄？

六月十五日是我最後一次上場比賽，我拿了一個救援成功，然後就決定要退休了；這是一個長期累積的決定，我一直在努力，一直在認真的復健，做著所有我習慣的分量，希望把自己的狀況調整回來，但是很明顯的，我的手臂甚至我的身體，已經到了極限。

在退休前我和球隊的防護員聊過天，他知道我身體的狀況，也知道長期服用止痛藥對我的影響，不光是我的手臂，我的消化器官、我的內分泌、我的心理狀態都受到影響，他對我說的話我到現在還記得：他說從球季初我第一次進到傷兵名單開始，我的身體就是用止痛藥和意志力拼貼起來的，對像我這樣受過傷勢困擾的資深選手來說，一旦起了想要退休的念頭，身體就會收到訊息，剩下的就只是時間而已。

我的引退宣言是這樣寫的：

感謝主，感謝道奇給了我機會回到球場，同時也上了大聯盟的舞臺，過程不容易；

一方面要克服身體手臂的狀況，以及只能有好表現的壓力，是信仰給了我力量及勇氣讓我拋下一切的恐懼，疑慮，讓我的信念更堅定。

從二〇一五年到二〇一七年，從小聯盟二A到大聯盟，去了冬季聯盟到現在的獨立聯盟，這三年的旅程更為珍貴；很多過去沒有過的經歷，讓我對棒球有了更多的體悟，心境平靜的面對每一件事，不管好與不好的結果都是盡我全部的能力去奮鬥，這種感覺沒有遺憾，輸了，再站起來；贏了，還可用更好的心態來面對明天。

二〇一六年八月進行清除骨刺的手術，整年的復健訓練，希望能在二〇一七年的球季正常出賽，加入獨聯長島鴨隊，一心想再為支持我的人奮戰，回到ＭＬＢ。每天盡我所能奮戰至今，手臂消耗到了極限，追求自己的人生，盡力去做就夠了。

感謝主，感謝道奇球團，感謝洛磯球團，感謝過去待過的球隊，感謝高苑工商，光復國中，光復國小的栽培，感謝不論支持我與否的人，過去的一切我都感謝，謝謝你們讓我在這職棒球員生涯過的精彩。

錦輝再次的謝謝大家。

我在寫出這一段引退宣言的時候，心裡其實是有一點點不甘心的，會不會過兩天我的手就又不痛了？會不會休息個兩個星期，我的手就又可以輕鬆丟球了？會不會我離開球場、專心認真的像二〇一四年那樣堅持練個一段時間，我就又可以支撐住長期比賽的強度了？

當時真的會這樣想，也不停的禱告，請我的老闆給我指引，但是眼前要面對的卻是我因為長期吃止痛藥，已經連續腹瀉了三個月沒有停過，我的手每一次伸展都會痠、每一次投球都會痛、每一次上場比賽都有一種全身要撕裂了的感覺。

我記得以前常常聽一些資深隊友說，不要讓人看到自己的衰退，時間到了就要自己知道離開，別等人家來淘汰，但是也有隊友說寧可在投手丘上投到手都舉不起來，就算有人來拖也不能被他拖下去；我離開球場時的心情是這兩種情緒的綜合，我一直認為自己還有能力可以解決打者，我在比賽時也一直保持著球速和威力，但是我清楚感覺到有一隻無形的手，在硬生生的把我從投手丘上拉下來。

職棒選手最艱難的不是打一場比賽，而是要日復一日，每一次上場比賽都能對球隊做出貢獻；四十歲的我也許可以投九十英里，也許努力練一下說不定還可以挑戰九十四、九十五英里，但是我絕對不可能每隔兩三天就上場為球隊做出百分之百的貢獻，更別提現在牛棚投手都必須面對的連續出賽了。

但是很奇妙的，一旦正式宣布退休之後，我反而覺得很輕鬆，就像之前決定不去墨西哥一樣，沒有一點後悔的感覺；也許這種輕鬆就是老闆給我的指示，我不否認自己還會有想要繼續的念頭，但是我知道我的身體已經沒有辦法承受，所以這個決定是必然的，也是我必須接受的，一點後悔的感覺都沒有。

退休的第二天我就全都放下了，沒有熱身、沒有伸展、沒有練球、沒有重量訓練，什麼都沒有；但我沒有特意避開球場，還是回去收拾了自己的東西，也跟隊友和球隊告別，大家的氣氛都很歡樂，我祝福他們有一個完美的球季，他們也為我感到高興，但是在最後離開球場的那一剎那，我突然就有一種抽離的感覺，覺得球場和棒球比賽的一切都已經不是我的領域了。

沒有多久我就回到臺灣，但是一直要到回到花蓮、回到家，我才真正感覺到這三年來我的身體受到了多大的損耗；我從二〇一四年六月在花蓮開始準備復出，一直到二〇一七年六月宣布退休，回到一開始的起點，整整三年的往返奔波，我真的感覺到身體筋疲力竭，但心靈卻是滿足的。

之後的幾個月都是一樣，我停止了任何的運動，也讓自己恢復過著正常人的生活，盡量放鬆、盡量休息，也停止了所有的止痛藥、消炎藥、維他命；朋友笑說我是在排毒，我想也是，把這些化學的東西排出體外，對身體應該也是件好事吧？後來就一直保持著這樣的生活習慣了。

這樣的放縱休息是我人生中的第一次，但是一年兩年過去，我覺得自己好多了，就忍不住又開始動了起來，我承認只要每到了年初、到了職棒春訓的時候，我都會有一點點心動，覺得是不是自己可以拿起棒球再嘗試一下？但是只要這個念頭一起，我全身上下每一個曾經受過傷的部位，從肩膀、手肘，到下背脊椎、膝蓋，還有曾經撕裂過的阿基里斯腱都會開始隱隱作痛，我就知道再復出已經是不可能的事了。

CHAPTER. 12

我與追夢者們

我十八歲的時候和科羅拉多洛磯隊簽約出國，是臺灣第三個與美國職棒球隊簽下合約的球員，後來我回到臺灣發展，再回到美國職棒已經是三十多歲的老球員；我到過澳洲，也打過多明尼加的冬季聯盟和美國的獨立聯盟，臺灣大概很少球員像我去過這麼多不同的地方，但是其實很少人知道，從小我是一直想要去日本打球的，只是一直沒有機會而已。

我覺得陳偉殷走出了一條很好的路，他和我們不一樣，他選擇了先去日本，在日本努力拿到好成績之後才去美國，一路上都得到很高的尊重；現在到了職業生涯的下半場，他可以回到日本走完完美的一圈，這樣的成就真的是臺灣旅外球員最成功的例子。

選擇去美國打球讓我有了完全不一樣的人生，也見識到最高等級的職業棒球到底是什麼樣子，錯過了日本職棒雖然有點可惜，但是我從來沒有後悔過，而且當初如果沒有陳金鋒勇敢的當了第一個，我們臺灣不知道還要等多久，才會有球員有勇氣去挑戰美國職棒。

陳金鋒是我們從小到大的偶像，我從國中時期就知道有這樣一位前輩，看著他年紀輕輕就進了中華隊，而且還是中心棒次的強打者，然後在電視上看轉播看到他打擊那麼強，大家都嚮往能跟他一樣，有他那種身手。

自從他出國之後，看到他去的是最厲害的美國職棒大聯盟，而且在以前我們都覺得不可能的美國打得那麼棒，第一年就打了三十一支全壘打，更讓我們有一種想要出國挑戰的衝勁；雖然我不是打者，但是我也會想說，自己說不定也可以像他一樣成功，所以我想很多人都跟我一樣，把他當成自己的目標，向他學習，想要跟他一樣，有一天可以上大聯盟。

在奧運的時候我有幸與他同隊，從投手的角度近距離去看他對自己嚴苛的要求，他在打擊上的天份是無人能比的，但是他對棒球專業的堅持，還有他在重大比賽中所展現出的強大意志力，我也沒有在第二個人身上看到過；後來我回到中華職棒，透過一次又一次和他的對決來印證自己的能力，即使陳金鋒已經不在他最強的時候，他還是我必須最謹慎面對的強打者。

另一個督促著我，讓我決定跟著他一起到美國去發展的，就是我的好朋友郭泓志，但他其實是一個從我小時候、國中，到高中，在三級棒球這個階段不停霸凌我們的一個狠角色；我說我們是因為不只是我，而是全臺灣的棒球界在那個時期都是一樣，沒有人可以抵擋郭泓志，所有的盃賽、錦標賽、代表權，全都是他們臺南在拿的，只要一看到對手是郭泓志的球隊，我們就知道今天不會好過。

在三級棒球的時候，我認識的郭泓志其實就是一個屁孩，而且我知道很多人其實很怕他，因為他小時候的脾氣真的稍微火爆了一點，只要有事情不順他意，或是他心情如果不太好，很可能就會有一些字眼會脫口而出；但是只要一踏進球場，他的能力又真的遠遠超過一個高中生該有的身手，不管是投球還是打擊，都已經超齡太多了，所以大家不僅僅只是尊重他，很多人真的就是怕他。

而我們就是在這樣的情況下開始認識，從小到大我們從敵人、到朋友、到後來變成無話不談的好友，後來一九九九年的世界青棒錦標賽我們同隊了幾天，有機會在中華隊一起打球，就更喜歡那種在同一支球隊的感覺；雖然他因為和道奇隊簽約提前離開中華隊，但我們一直很合得來，相處得非常好，幾乎就像親兄弟一樣。

郭泓志和道奇隊簽約之後很快就去了美國報到，同一時間也一直有很多球隊來找我，道奇隊就是讓我很心動的一支球隊；一方面是因為之前的野茂英雄、朴贊浩，還有陳金鋒都打得很好，大家都覺得他們很照顧亞洲選手，另一方面最主要的原因就是我的好兄弟郭泓志已經在那裡，我們一直都有約好說要一起打球。

郭泓志那時在美國秋訓，那時候我所有對美國職棒的認識幾乎都是他告訴我的，他跟我說小聯盟的秋訓在美國叫做指導聯盟，專門用來培訓最有潛力的新人，他幾乎每天練完球都會打電話給我，告訴我每天發生的事情，也跟我說美國職棒跟臺灣棒球不一樣的地方；每天聽他那樣興高采烈的講，我好像自己都已經在美國了一樣，我們都覺得如果能在同一支球隊，一定是一件很有趣的事，所以我考慮到最後，就是剩下洛磯隊跟道奇隊兩個要選一個。

後來身邊有一些長輩建議說，如果我也去道奇隊的話，我和郭泓志兩個人會同時競爭一個位置，因為我們都是亞洲投手，互相競爭會傷害到彼此上大聯盟的機會；那時候年紀還小，也不懂得美國職棒以實力至上的競爭方式，聽身邊的人這樣說覺得好像也很有道理，所以最後選擇了跟洛磯隊簽約，一直到後來二〇〇七年才有機會和他同隊。

二〇〇七年是很有趣的一年，我加入道奇，從春訓到整個球季，那時有我、郭泓志，還有胡金龍，從來沒有三位臺灣選手在同一支球隊裡，還同時都在四十人名單上；當時亞洲球員還有日本的齋藤隆，他是明星球員跟終結者，他對我們很好，在牛棚的時候也給我們很多啟發。

我和郭泓志繞了一大圈終於實現了在同一支球隊打球的這個夢想，而且最有趣的是，那一年真的就和我們以前想像的一模一樣，不管是在球場練球跟比賽，或是離開球場回到家，我們去到哪裡都覺得很開心，對棒球和人生也都有同樣的共識；我們是很開心在一起的隊友，也是分享一切悲歡喜怒的好兄弟，那種身邊有一個好搭檔的感覺，應該說比我們高中時的想像還要更好，我們都想要讓自己更強更好，也想要幫助別人，讓我們周圍的人也變強，最重要的是我們想要贏球，那種付出努力之後，終於獲得勝利的感覺，是沒有任何事情可以比擬的。

這麼多年過去，現在的郭泓志早已從當年在南英商工那個意氣風發的屁孩，變成了一個風趣內斂的退休球員，我們去美國的時候都很年輕，現在回頭看真的就是二十歲不到的小孩，但是我們被放在那個陌生的環境，被逼著必須成長、必須獨自面對；郭泓志是我見過最有天分、也最努力的球員，如果沒有那些傷勢困擾他，沒有那些開刀跟復健阻礙他，我一點都不懷疑他起碼會有好幾個賽揚獎擺在家裡。

但是臺灣職棒球員中最接近賽揚獎的卻是王建民，很多人說王建民的天分比較差，說他是靠著比別人更多的努力才有這麼高的成就，這個我一點都不同意，我認為王建民的天分絕對是臺灣球員當中數一數二的，因為沒有美國職棒球隊會花兩百零一萬美金在一個天分不夠的球員身上；不管簽約金高低，每一個被美國球隊簽走的球員都一定有天分，但是在球隊裡百萬美金的簽約金就是一個門檻，要讓球隊願意拿百萬美金來跟簽約，你一定是天賦過人，而且走進春訓基地的那一刻開始，所有人都在等著看你到底值不值這個價錢。

打球久了，我們球員都會知道誰的努力多、誰的努力少，努力的程度不一定會反映在成績上，但是一個球員努力的程度有多少，這些是騙不了人的；我換個方式說好了，要在美國職棒生存下來，要能夠打上大聯盟，沒有誰的努力比較少，大家都是拼了命在努力。

說王建民比較努力，這對其他一樣努力的球員不公平，要說王建民天分比較差，這對王建民更不公平，球迷愛討論誰的天分高、誰的努力多，這些討論我覺得都很好，但是我們更該看的是那努力奮鬥的過程；郭泓志開過那麼多次刀還一直回到球場，王建民也一樣，很多人說關節唇開刀是投手絕症，但是王建民一樣奮鬥回到了大聯盟，那種辛苦，還有中間碰到的挫折跟傷痛，一般人有誰可以承受？

像王建民這樣付出那麼多，真的不是外人看到的那樣而已，要在這個環境生存，花的不是只有在球場的那段時間而已，我們的工作是二十四小時的，連回家都在想打球的事；王建民的紀錄片讓我們看到一些他在復健時的艱難，還有他家人所承受的辛苦，但即使是二十四小時跟拍的拍攝團隊，看到的也只是他真實努力的十分之一、甚至百分之一而已。

在美國這段期間我學會很多，也理解到有很多時候上大聯盟這件事並不是你自己可以決定的，球團的運作方式、球隊的球風、總教練的用人偏好，都影響到一個球員有沒有機會上到大聯盟；很多人會說陳金鋒在大聯盟的時間很短，根本沒什麼了不起，對這種說法我是很不高興的，因為沒有他就不會有後面的這些我們，陳金鋒可以被球探看上，成為第一個去美國職棒挑戰的臺灣選手，就證明了他有過人的天賦才能，這些都是我們看在眼裡的。

我們打了這麼多年球，每個人都是帶著傷痛在打球，即使是陳金鋒也一樣，很少有人有機會看到他真正巔峰時的樣子，美國職棒每年淘汰那麼多選手，他卻可以一直堅持到打上大聯盟，只有親身經歷過的人才知道那有多困難；光是用數據統計就要抹煞這樣一位有歷史意義的球員，我覺得這是不公平的，就算完全不看他對中華隊的貢獻好了，在他之後那麼多臺灣旅美的打者，有誰敢說自己是比陳金鋒強的？

他在我們心中那個形象早早就烙印下來很久了，後來我回到臺灣，在中華職棒遇上他的時候，身體裡就會有一股力量出現，會特別專注，想要把自己當下所有的能力都發揮出來，好好跟他對戰一下；一方面是向這個前輩致敬，這是對他最大的尊重，另一方面也是希望能趁著和前輩對決的機會，來衡量一下自己的進步在哪裡，因為我們都知道陳金鋒的能力和成就是無庸置疑的，雖然他在美國的發展沒有大家預期中的好，讓人覺得可惜，但是我們講到他都是伸出大拇指來景仰他，他在我們棒球人心目中的地位是很崇高的。

在許多影響球員升上大聯盟的變數之中，唯一一個我們自己可以掌握的，就是我們努力的程度，我記得剛剛和科羅拉多洛磯隊簽約的時候，就被球隊再三告知說在春訓前就要把自己的體能狀況調整好，要準備好了來春訓，而不是來春訓再開始準備；美國職棒球員一直都有的認知，就是春訓報到的第一天就是要開始搶工作了，不可能等春訓報到了才開始訓練調整。

每年春訓一到，我們就會看到拉丁選手可能剛打完冬季聯盟，完全就是以比賽時的狀態來報到，我們也會看到美國選手，不管是大聯盟的還是小聯盟的，都準備好了要來搶工作搶位置，大家都準備好了要拼鬥，如果有一個球員只是來春訓才開始準備，你覺得他會有多少成功的機會？

從我回到大聯盟，到退下來之後的這幾年，我一直有很多機會和年輕球員們分享

二〇一六年春訓由經紀人安排的球員聚會，大家聯繫感情之外，也討論在不同球隊的經歷。

在美國職棒的經驗，我覺得非常驚訝的是，不管是在臺灣還是旅外的，到現在都還有球員認為球季結束後就是要完全的休息，等到春訓前再開始調整就好，這對我來說實在是太不可思議的事了。

我問過幾位旅外的年輕球員，我說你們春訓才開始準備，是不是就會覺得自己上半季打得特別累，但是等到下半季狀況正開始好的時候，球季就結束了？他們全都異口同聲的說是，我下一個問題就問他們說，你們難道沒有想過是為什麼嗎？

我最記得我和一位年輕旅美投手的對話，那次我們談到在美國球季間的狀態起伏，我一連問了他幾個問題：

「是不是每年春訓剛剛開始，都會覺得身體不太舒服，手臂也不太舒服，有時還要去治療室報到？」

「球季剛開始的第一個月，是不是投得特別辛苦，覺得自己一直沒有進入狀態？」

「是不是下半季會越投越好，進入那種覺得自己手臂完全燃燒，投出去的球隨心所欲的狀態？」

「球季結束的時候，是不是覺得自己狀況超好，好到想要罵髒話，超想要繼續打比賽？」

一連四個問題，他的答案都是「是」，而且我看他點頭點的脖子都要斷了，我忍不住告訴他，「這就是你最大的問題。」

球季結束之後絕對不能完全放掉，一定要不斷持續訓練，為即將到來的春訓做準備，我們在態度上或許可以輕鬆一點，但是對於訓練的內容絕對不能鬆懈；美國職棒每年都有全世界最優秀的選手進來，而球團能負擔的球員數目就是那麼多，現在小聯盟球隊的數量還在被刪減，如果你春訓報到的時候都還沒有準備好，球團為什麼還要給你機會？

這也是為什麼近年來有很多年輕的旅外選手也開始嘗試各種不同的訓練方式，讓自己的體能和技術得到更進一步的提升，像胡智為、江少慶等等，都是很好的例子；我對江少慶有很高的期待，我一直都覺得以他的資質來說，他真的很有機會可以站上大聯盟，他這幾年有一些很明顯的進步和轉變，從一位很單純的伸卡球投手，變成在直球球速上有了明顯的提升，變化球也有了進步，讓大聯盟的球隊更加重視他了，也願意給他機會。

這是現在大聯盟的趨勢，也是球隊對投手球速的需求，所以他才在這方面去努力做了提升，以一個暫時被定位成牛棚投手的身份來說，如果沒有九十七、九十八英里的直球球速，那他就一點也不起眼，因為那樣的投手在美國職棒實在太多了。

江少慶在二〇一九年世界棒球十二強大賽時能夠得到那麼高的評價，除了他的球速進步之外，更重要的是他面對高張力比賽時所展現的壓制能力，以及他能夠處變不驚的解決對手，這些都是在小聯盟一天一天培養起來的；當你每天面對的都是不一樣的對手，他們每一個人都必須靠著擊垮你來證明自己，那你就會努力去想方法對付他們，去強迫自己也要變得更強，長久累積下來，這就會是你的進步。

我對胡智為也觀察了很久，前兩年我知道他一直有在進行一些科學化的訓練，效果好像很不錯，當時看他投球也感覺到他的身體素質很好很有爆發力，是很有機會挑戰大聯盟的，但是這兩年似乎有一點不太一樣，不知道他是不是在訓練內容上遇到了一些瓶頸，還是有一些其他的困擾？

他和江少慶的年紀差不多，這兩年大概就會是他們能不能繼續留在美國的關鍵期，一定要全力以赴，我們每個球員打球打久了，身上都一定會有一些痠痛或是不舒服，這些是我們每個人都要去克服的；如果這是他遇到的瓶頸，他可能就要想辦法透過不同的訓練，去把不舒服的地方強化起來，這樣才能面對其他年輕球員的挑戰和競爭，因為職棒的環境就是這麼現實，壓力只會一年比一年更沉重。

提到在大聯盟拼鬥的辛苦，就會讓我覺得林子偉真的很不簡單，因為他高中時的體格比較瘦小，實在很不像是我們印象中美國職棒會選擇的臺灣球員，他能夠被紅襪隊出重金網羅，這表示球隊一定對他的天賦有明確的認定；我知道他的打擊技巧很好，我甚至覺得當初紅襪隊很可能在他身上看到和鈴木一朗同樣類型的天分，覺得他有機會在打擊上可以有類似的成就。

林子偉除了打擊技巧很好之外，他的腳程很快、內野的防守也很棒，所以這麼多方面天分都這麼好的球員，當然會讓美國職棒球隊願意花大錢簽下來，並且花時間去培養他，讓他有機會可以站穩大聯盟；後來他被球隊定位成工具人，成為一個球隊可以活用的棋子，這在現在的美國職棒是很重要的價值，是他很重要的優勢。

在防守上，林子偉讓很多其實很難處理的球，都表現得很輕鬆、很簡單，這表示他的直覺跟判斷都非常好，而且反應速度夠快，才能夠輕鬆就定位進行防守；很多人覺得撲球擋球才是美技，但是一整年沒有任何美技，卻把守備位置顧好，那才是讓人放心的防守。

林子偉和年輕時的胡金龍大概是臺灣出過兩位防守最好的游擊手，他們在游擊區的防守不僅僅只是稱職而已，而是會讓人看了覺得很舒服，但是以整體的流暢度和美感來說，我比較喜歡看到胡金龍當年在游擊區的守備，特別是他和陳鏞基的搭配；陳鏞基的動作和胡金龍是同一個類型的，有一種流暢的美感，而且會讓投手覺得很放心，臺灣球迷對「金鏞連線」的印象那麼深刻，除了他們名字上的巧合之外，我想也是跟他們默契和風格上的一致性有關。

而這麼多年來臺灣所有旅外選手裡，最可惜的就是陳鏞基。

我們從二〇〇四年奧運之後就一直有聯繫，在奧運之後的那兩年，我看他的表現和對比賽的掌握度，一切的一切真的就是他的巔峰狀態，是絕對可以在大聯盟站穩的；

不論球季中或是球季結束，我都堅持訓練持續不懈，這是這麼多年以來我最深刻的體悟，因為大聯盟就是一個戰場，你要站上頂峰，就要隨時讓自己備戰、待戰，並且能戰。

二〇〇六年他的狀況非常好，球季前打了經典賽，球季中升上二A表現也很棒，然後球季結束後又去打杜哈亞運，一整年從三月打到十二月，打了一百多場比賽。

那時他就告訴我他的肩膀會不舒服，我還提醒他說要小心，要保護好自己的身體；我也一直提醒他說，在二壘的防守會有很多撲接的動作，要學會判斷說如果是明顯攔不下來的球，就不必硬去撲球，反而要做好補位跟轉傳的準備。

美國職棒是一個講求成果的地方，重要的是確實達成擋球的目的，而不是用撲球來表現自己好像有努力，因為有成功防守住的美技才是美技，球沒攔下來，撲得再辛苦再漂亮也沒用；真正需要撲球的時候當然要全力以赴，但是最重要的是要學會分辨什麼時候可以不用撲，因為保護好自己不受傷，對職業球員來說是一件更重要的事，可惜第二年球季開始沒有多久，陳鏞基就因為肩膀受傷而開刀了。

陳鏞基沒有站上大聯盟真的是臺灣棒球界最可惜的一件事，因為那是他努力了一輩子應得的，卻因為別的事情和傷勢給犧牲掉了；沒有人可以說他的選擇是錯的，因為入選中華隊對我們球員來說是比什麼都重要的榮耀，我只是覺得遺憾，沒能看到陳鏞基在大聯盟展現他的身手而已。

和陳鏞基的遺憾相比較，我忍不住想起王維中在美國職棒獨一無二的經歷，他一到美國就開了手肘韌帶置換手術，然後從一A一下子被拉上去大聯盟待了一整年；回到小聯盟之後先是被賣斷去韓國職棒，接著又回到大聯盟去，現在回來臺灣變成中華職棒新球隊的選秀狀元，這樣子的經歷大概在他之後也不會再有。

王維中是在年紀很輕的時候，真的是運氣很好透過規則五選秀上到大聯盟，這表示他一定是密爾瓦基釀酒人隊相當看重的目標，他們一定認為他有很特殊的天分，所以才願意用這樣特殊的方式把他從匹茲堡海盜隊選過來，而且按照規定把他放在大聯盟一整年，花這麼長的時間培養他。

但是從另一個角度來看，也因為這樣的際遇，王維中幾乎完全沒有經歷到許多小聯盟很辛苦的一面，就直接開始享受著大聯盟選手那些舒適的待遇，所以等到他後來被下放回小聯盟的時候，在心態的調適上一定花了很長的時間，因為他心裡可能會覺得大聯盟的那個環境才是他該在的地方，球團怎麼可以把他丟回小聯盟去。

就像俗話說的由奢入儉難，當一個球員在大聯盟待了一整年，習慣了包機、五星酒店，還有頂級球場的待遇，然後突然要長時間待在小聯盟裡苦練，不知道什麼時候還能再回到那個環境去，這一定會產生一些負面情緒，特別是王維中在上大聯盟之前，從來都沒有在小聯盟球隊裡一層一層的熬過，他對上大聯盟沒有那種苦盡甘來的珍惜，所以一旦被下放之後，他必須分心去克服這些負面情緒，而這些分心都會影響他的訓練和成績。

我在王維中剛剛被移出四十人名單的時候和他聊過天，注意到他對於當時的處境有一些不滿，也發現他對美國職棒的認識和我不太一樣，有一些小小的誤解；我花了一些時間跟他分享我以前在小聯盟時的情形，也讓他知道這並不是球隊在針對他，因為我們每一個人都必須先經歷那些長程巴士和破舊的小聯盟球場，是只有他特別幸運，在球員生涯一開始就可以體驗到大聯盟的舒適待遇。

我很高興看到後來王維中的表現越來越好，不但成為第一位在韓國職棒有優秀表現的臺灣球員，還順利又回到美國職棒大聯盟去投出不錯的成績，現在他是味全龍隊的當家王牌，我相信只要他繼續堅持住過去幾年的努力，他在中華職棒一定能成為一位很成功的先發投手。

像陳金鋒、郭泓志、胡金龍、王維中，還有其他許許多多的旅外球員這樣，能夠在出國多年之後回到臺灣來繼續發展，是我們這些旅外球員最大的夢想；就像在我們之前的那些旅外前輩一樣，我們都覺得臺灣給了我們這麼多，讓我們可以出國發展、得到好的生活，所以我們也有責任要把我們學到的東西，帶回來分享給那些還在臺灣努力的球員們。

臺灣的棒球環境當然有進步的空間，這也是為什麼每一個旅外球員在我們的生涯末期，都希望能以自己的力量為這個環境帶來改變，我也一樣。

CHAPTER. 13

未來，傳承

二〇一〇年的時候我困在一個人生的低點，沒有目標也沒有方向，在那之後我走回了一個大家可以看到的舞台上，然後現在退下來成為一個退休球員；我希望我不只是一個退休球員而已，我相信我有能力、有經驗、也有責任把我身上的東西分享給任何一個願意聆聽的人，不管他學到的是技術、是警惕，還是勇氣，都很好。

我現在想做的就是把我過去所接觸到的棒球，還有我怎麼又回到那個最高殿堂，這一整段路上所學到的那些東西都整理出來，把這些對的資訊跟對的人分享，幫這些人少走一些冤枉路，這是我現在開始在做的。

我希望能幫到這些一樣在努力著的球員，讓他們不必經歷這些波折，讓他們能避開這些奇怪的誘惑和挑戰，讓他們能走得更好、更平穩；像我受過的這些傷，我希望能夠透過正確的訓練，讓年輕球員在使用身體的這些力量之前，能夠做好足夠的強化訓練，把受傷的風險降到最低。

我自己就是一個固執的人，當年有那麼多人警告我說投手絕對不能做高強度的上半身重量訓練，我到最後走投無路的時候終於做了，卻讓我自己走出了一條新的路徑；

我想要鼓勵大家的是多去嘗試不同的訓練方式，來刺激自己的身體，我不會阻止學員嘗試任何想要嘗試的訓練內容，但是我會在旁邊協助他，一起分析這些訓練的成效，然後再做出調整。

我現在做的是小班教學，我都有足夠的經驗和方法，可以幫學員們更認識自己的身體，用最直接、最有效的方式加強自己的體能和技術；我希望慢慢下去大家會覺得這樣的教學環境跟方式是有效的、是有趣的，然後我們可以成長成一個球隊、兩個球隊，繼續拓展下去，有朝一日變成一個可以在周末比賽的聯盟。

劉牧師和我的好朋友張嘉元都一直提醒我，我的責任並不因為棒球生涯的結束而終結，離開球場之後的我，有更大的空間去完成上帝給我的使命；我的人生曾經迷失過，但是也靠著信仰的力量重新回到正軌上，如果我的下半輩子可以盡我的力量為臺灣這個棒球環境帶來一點正向的改變，那就是我該做的事。

我希望未來十年我們的團隊能夠有一個好的發展，有幾支球隊在自己的一個聯盟裡定期比賽，用享受棒球、熱愛棒球的一個環境來推展這個運動，除了技術上的訓練之外，我也希望不管是兄弟、父子、朋友，大家都可以在這個環境裡找到自己在棒球上所需要的東西；我甚至希望即使是素人也能得到一些專業的訓練，而不只侷限於科班棒球隊的球員，因為只有親身體驗過專業球員的訓練方式，你才能理解為了實現打球的夢想，一個孩子從小到大要經歷多少折磨。

我不需要說服所有的人，我也不想要強迫推銷，但是我覺得需要的人就會覺得我的方法有用；我不在乎你試過多少其他的方法，或是你覺得有其他的方式比我的訓練更好，這都沒關係，因為我能給你的，也只是一些我自己嘗試過，覺得有用的經驗而已，你可以等到所有其他方法都嘗試過了、都沒招了再來找我，也沒有關係。

不管是年輕的孩子，還是受過傷的球員，我都希望我的訓練能夠幫到他們，也希望我曾經經歷過的這些黑暗，能讓他們即使是在覺得自己走投無

路的時候，還能在我這裡看到一線曙光。

入魂 06

日蝕之後：
堅持、無悔，曹錦輝的真實告白

作者	曹錦輝
文字整理	文生大叔
責任編輯	簡伯儒
執行主編	簡欣彥
攝影	李宏政
封面設計	萬勝安

社長	郭重興
發行人兼出版總監	曾大福
出版	遠足文化事業股份有限公司 堡壘文化
地址	231 新北市新店區民權路 108-2 號 9 樓
電話	02-22181417
傳真	02-22188057
Email	service@bookrep.com.tw
郵撥帳號	19504465
客服專線	0800-221-029
網址	http://www.bookrep.com.tw
法律顧問	華洋法律事務所 蘇文生律師
印製	韋懋實業有限公司
初版一刷	2021 年 1 月
定價	新臺幣 400 元

國家圖書館出版品預行編目（CIP）資料

日蝕之後：堅持、無悔，曹錦輝的真實告白 / 曹錦輝，文生大叔著．-- 初版．-- 新北市：遠足文化事業股份有限公司堡壘文化，2021.01
面；　公分．--（入魂；6）
ISBN 978-986-99410-8-2（平裝）

1. 曹錦輝 2. 職業棒球 3. 運動員 4. 臺灣傳記

783.3886　　109021516